経営理念とCSR

松村 洋平 編著

学文社

執筆者紹介 （執筆順，現職・執筆担当・主要著書）

松村 洋平（まつむら ようへい）　青森中央学院大学経営法学部助教授　第1・2・5・6・7・8章担当
『マネージメント・ベーシックス』（共著）同文舘，2003年
『演習経営学』（共著）新世社，2002年
『入門経営戦略』（共著）新世社，1999年

大野 和巳（おおの かずみ）　道都大学経営学部助教授　第3・4章担当
『国際経営を学ぶ人のために』（共著）世界思想社，2001年
『グローカル経営』（共著）同文舘，2004年
『経営管理の新潮流』（共著）学文社，2004年

張 虹（ちょう こう）　明治大学経営学部兼任講師　第9・10・11章担当
『テキスト企業文化』（共著）泉文堂，2004年
「中国地域統括本社に関わる中国外資政策の変化と特徴―その設立条件と業務範囲を中心に―」明治大学大学院『経営学研究論集』第23号　2005年
「日本企業の中国地域統括会社―設立目的と役割の一考察」明治大学大学院『経営学研究論集』第21号　2004年

谷井 良（たにい りょう）　中京学院大学経営学部専任講師　第12・13章担当
『イノベーション要論』（共著）同文舘，2004年
『ベンチャー・ビジネス要論』（共著）同文舘，2004年
『新経営基本管理』（共著）泉文堂，2000年

はしがき

　企業の内部で働く人びとの心の問題に対して，経営学は真正面から取り組み，さまざまな成果を収め，貢献してきた．企業を取り巻く環境がいちじるしく変化する今日，戦略を策定し直したり，構造を再構築したり，制度を改善しなければならない．往々にして，これら技術の問題に心の問題がついていけなくなる．そこで，企業の内部で働く人々の心に働きかける，より大きな企業全体の心の枠組み，すなわち，企業文化が脚光を浴びるようになった．さらに，今日，企業にまつわる外部の人びとの心への働きかけという視点でも，企業文化が注目されつつある．

　いうまでもなく，経営の現場で主役となるのは人びとである．それゆえ，人びとの心の問題を扱う企業文化は，企業経営のさまざまな分野で議論され，結果として，多種多様な切り口が存在するのである．その定義さえ，研究者によって千差万別という状況である．

　本書は，さまざまな議論が飛び交う企業文化について，以下にあげるようなテーマに絞ることとした．そして，各章ごとに，テーマに関する主要な研究を取り上げ，議論を整理し，実践への示唆や研究上の課題を抽出するという形で展開されている．

　第Ⅰ部の「企業文化」においては，企業文化の定義や構造，機能など解説し，本書を構成する各章との関係に触れながら，企業の内部に共有される企業文化を中心に企業文化について概観する（第1章）．続いて，企業の内部のみならず，外部との関わりから，メセナやフィランソロピーなどの議論を通じて，企業文化について検討する（第2章）．

　第Ⅱ部の「組織ライフサイクルと企業文化」において，創業期から成長期にかけて，創業者たちの理念や哲学が企業文化としていかに組織の末端にまで浸透していくか，そして強化されていくかを議論する（第3章）．そして，成熟期を迎えるにあたり，企業文化の逆機能を克服しながら，企業の変革を可能に

はしがき

するような企業文化をいかに構築（再構築）していくか，検討する（第4章）．

第Ⅲ部の「経営理念と行動規範」において，企業文化の中核となる経営理念や行動規範について，類似概念との違いを含め，具体例を挙げながら，その内容や類型についてじっくりと議論する（第5章）．そして，経営理念や行動規範が時代とともにいかに変遷してきたか，それぞれの時代を代表する企業（商家）のケースを挙げて解説がなされる（第6章）．また，経営理念や行動規範と企業業績との関連について，代表的な研究を取り上げ，企業業績を向上させる経営理念や行動規範のあり方を模索する（第7章）．さらに，経営理念や行動規範が，企業外部の人びとが抱く企業イメージや企業内部の人びととの意識改革・意欲向上にいかにして結びつくのか，コーポレート・アイデンティティを検証しながら，議論していく（第8章）．

第Ⅳ部の「グローバル企業文化」において，グローバル企業の経営に影響を与える国民文化に焦点を当てて，ホーフステッドの代表的研究を取り上げる（第9章）．また，国民文化が異なれば，企業文化がいかに違うものとなるか，国民文化と企業文化の関係に肉薄する（第10章）．さらに，海外現地子会社の国民文化と本部親会社の企業文化との関係から，グローバル企業文化のあり方について検討する（第11章）．

第Ⅴ部の「企業文化の倫理性・社会性」において，現代的課題である法令遵守（コンプライアンス）や経営倫理をいかに徹底するか，企業文化との関連で検討し，コーポレート・ガバナンスにも言及する（第12章）．さらに，社会的責任論についても，議論を整理し，企業の責任を重視する企業文化像を模索する（第13章）．

最後になったが，忍耐強く，そして暖かく見守っていただき，編集校正で多大なるご尽力をいただいた学文社の田中千津子社長をはじめスタッフの皆様にあらためて謝意を申し上げたい．

平成18年8月

松村　洋平

目次

第Ⅰ部　企業文化

第1章　企業文化とは何か　……………………………………　3
1. 企業文化の定義　3
2. 企業文化の構造　5
3. 企業文化の機能の光と影　8
4. 企業文化の類型　10
5. 企業文化と業績　12

第2章　企業と文化　……………………………………………　17
1. 文化との交わり　17
2. メセナとフィランソロピー　21
3. マネジメントとともに　24

第Ⅱ部　組織ライフサイクルと企業文化

第3章　企業文化の創造と形成　………………………………　33
1. 創業期の企業文化の創造　33
2. 成長期の企業文化の形成　37

第4章　企業文化の変容と変革　………………………………　46
1. 企業文化の変容　46
2. 企業文化の変革と創造──企業文化のダイナミクス　51

第Ⅲ部　経営理念と行動規範

第5章　企業文化の理念的側面　………………………………　63
1. 企業文化の理念的側面が注目される背景　63
2. 経営理念・行動規範の内容と類型　64

3. 経営理念と類似概念との関係　68

　　4. 経営理念の機能　72

第6章　経営理念，行動規範の変遷 ・・・・・・・・・・・・・・・・・・・・・・・・・・・・・・　78

　　1. 江戸時代　78

　　2. 明治時代　81

　　3. 大正・昭和時代（戦前）　83

　　4. 昭和（戦後）・平成時代　87

第7章　ビジョナリー・カンパニー ・・・・・・・・・・・・・・・・・・・・・・・・・・・・・・　94

　　1. 成功と失敗から学ぶべきこと　94

　　2. エクセレント・カンパニーからビジョナリー・カンパニーへ　97

　　3. 理念や規範と業績の関係　103

第8章　コーポレート・アイデンティティ ・・・・・・・・・・・・・・・・・・・・・　108

　　1. コーポレート・アイデンティティの歴史　108

　　2. 展開期のコーポレート・アイデンティティ　111

　　3. 課　題　117

第Ⅳ部　グローバル企業文化

第9章　国民文化と異文化コミュニケーション ・・・・・・・・・・・・・・・・・　125

　　1. ホーフステッドによる国民文化差異の比較分析　126

　　2. コミュニケーションとコンテクスト　131

　　3. 異文化コミュニケーションの定義と研究の基本目的　135

　　4. 異文化理解へのとるべき姿勢　137

第10章　企業文化の国際比較 ・・・・・・・・・・・・・・・・・・・・・・・・・・・・・・・・・　142

　　1. 国民文化間の相違による企業文化の4類型　142

　　2. 異なる国民文化の価値観による企業文化差異の事例　148

第11章　グローバル企業文化の構築 ・・・・・・・・・・・・・・・・・・・・・・・・・・　158

　　1. グローバル企業文化が注目される要因　159

2. 海外子会社企業文化の構造　160

  3. グローバル文化形成の諸アプローチ　163

  4. 日本企業のグローバル企業文化の構造　166

第Ⅴ部　企業文化の倫理性・社会性

第12章　企業文化の倫理的側面 ……………………………………… 173

  1. 経営倫理の定義　173

  2. 経営倫理と企業文化　174

  3. 倫理教育と企業文化の形成　176

  4. 倫理観ギャップによるコーポレートカルチャー・ショック　178

  5. 経営倫理とコーポレート・ガバナンス　180

第13章　CSRと企業文化 ……………………………………………… 185

  1. CSRの定義　185

  2. CSRと企業文化　187

  3. CSR重視型の企業文化　190

索引 ………………………………………………………………………… 199

第Ⅰ部
企業文化

- 第Ⅰ部 企業文化
  - 第1章 企業文化とは何か
  - 第2章 企業と文化

- 第Ⅱ部 組織ライフサイクルと企業文化
- 第Ⅲ部 経営理念と行動規範
- 第Ⅳ部 グローバル企業文化
- 第Ⅴ部 企業文化の倫理性・社会性

企業文化 コーポレートカルチャー

第1章の要約

　目鼻立ちや背格好は千差万別であるが，性格や人格もまた一人ひとりの特徴をよく表す．この人間の性格や人格にあたるのが，企業の文化である．しかし，企業と文化の関係は，さまざまな語り口がある．経営文化，企業文化，文化事業……内部の文化もあれば，外部の文化もある．文化が企業に影響を及ぼすこともあれば，企業が文化に影響を与えることもある．
　第2章以降で，企業と文化の関係についていろいろな切り口から議論がなされるであろう．本章では，内部の文化，すなわち企業文化に焦点を当て，定義，構造，機能，類型について，企業文化論が築き上げてきたものを概観する．切り口は違っても，文化に対するまなざしに変わりはない．第2章以降の議論の出発点にしてもらえれば幸いである．
　定義にしても研究者の数だけ存在する状態であり，文化の研究はまだまだ始まったばかりである．読者も身近な組織を取り上げて，文化の問題に取り組んで欲しい．価値や規範が揺らぐ今日，リーダーにとって，文化の問題をどう扱うかは，ますます重要になってくるはずである．

第1章　企業文化とは何か

1. 企業文化の定義

　カルチャー・ショックという言葉がある．文化が異なる外国にいると多かれ少なかれ味わう．旅行をしただけでも，言葉だけではなく，ルールやマナーが違うことに気づく．留学をすれば，思考や行動のパターンの違いをいやという程味わうだろう．しかし，おもしろいことに，だんだんと慣れてくる．おかしくなくなってくる．居心地がだんだんよくなる．逆に日本に戻ってくると，違和感を抱きさえする．文化とはまことに不思議なものである．文化の存在を身近に感じることができるのは，異なる文化と接したときかもしれない．

　転職，転勤，転属，転校によって，カルチャー・ショックと似たような経験をされた読者も多いだろう．われわれが所属する組織にも文化があることは確かだ．文化の定義はいろいろあるが，「様式」と「所産」に大別されるのではないか．「様式」としての文化は，生活・思考・行動のパターンやスタイルである．「所産」としての文化は，精神活動によってもたらされた知識，道徳，芸術等々である．

　文化への企業の関わりも，「様式」と考えるか，「所産」と考えるかによって違う．前者が企業文化であり，後者が文化活動である．前者の企業文化には，観念文化（経営哲学や企業理念など），制度文化（規則や慣習など），行動文化（思考・行動様式など），視聴覚文化（ロゴマークやユニフォームなど）がある（梅澤，2004）．後者の文化活動は，芸術・文化支援，スポーツ振興，研究・出版助成，慈善事業などである．メセナやフィランソロピーとよばれる．さらに，映画産業のように事業そのものが文化と関わるものも多い（文化事業あるいは文化産業：第2章を参照のこと）．

　さて，本書のテーマとなっている企業文化であるが，定義が研究者によって十人十色である（梅澤・上野編，1995）．デービス（Davis, S. M.）が，「組織の構成員に意味を与え，組織体の中での行動ルールを提供する共有された理念や価

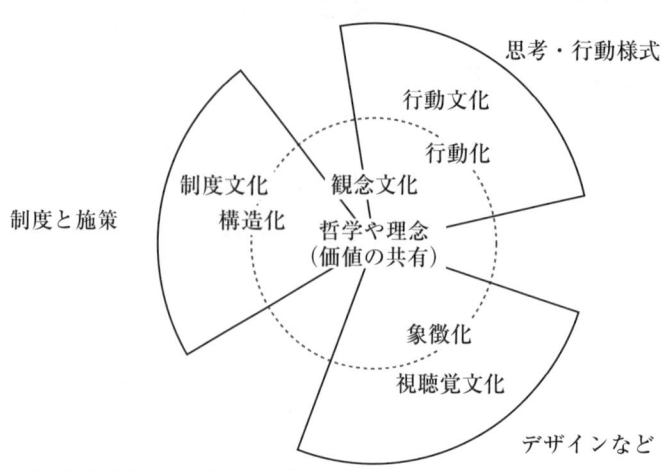

図表 1 − 1　観念文化，行動文化，制度文化，視聴覚文化

思考・行動様式
行動文化
行動化
制度文化
観念文化
制度と施策
構造化
哲学や理念
（価値の共有）
象徴化
視聴覚文化
デザインなど

出所）梅澤正（1990：55）を一部修正

値のパターンである」(Davis, 邦訳, 1985：4) と定義するように，おおよそ，一致しているところをあげれば，「メンバーに共有された価値や規範」であり，狭義の定義といえる．簡潔に表現すれば，大切なこと，信ずること，守るべきこと，といえばよいだろうか．また，価値や規範がメンバーに共有されれば，メンバーの思考や行動にパターンやスタイルが生まれる．これら価値や規範から生まれる思考や行動の様式も企業文化と考えることができよう．そして，価値や規範が共有され，思考や行動の様式が生まれるプロセスも企業文化に含むこともある．規則や標語，儀式や行事，英雄や神話，ロゴマークやシンボルカラーなどもカテゴリーに入れるのが広義の定義である（コーポレート・アイデンティティ：第8章参照のこと）．

　ここでは，とりあえず企業文化（corporate culture）を「メンバーによって共有された価値や規範および（結果として生じる）思考や行動の様式」と考えることにしよう．ただ，留意しなければならないことは，後述するように，メンバーの思考や行動の様式を生み出す価値や規範は，リーダーが示す哲学や理念とは限らないことである．リーダーは，哲学や理念をあの手この手でメン

バーに訴えかけ，価値や信念として根づかせることに努力しなければならないのである（第3章を参照）．

　企業文化と文化事業の違いはすでに述べたが，企業文化と類似する概念は多々ある．たとえば，組織文化である．企業文化，官庁文化，学校文化，病院文化……の総称が組織文化である，といえよう．ただし，対象がいずれであっても，組織構造や組織機能と一緒に論じられ，動機づけにおよぼす効果がクローズアップされることがある（梅澤，2004）．また，動機づけにおよぼす効果という点で，組織文化と区別しなければならないのが，組織風土である．組織風土は，あくまで個人の認知の問題である（田尾，1999）．組織風土は，個人が記述する組織の特徴（性格）が平均化されたものである．価値や規範が共有されないと，組織文化はないが，組織風土はある．

　また，経営文化という言葉がある．経営を左右する文化は，内部の文化だけではない．外部の文化もある．企業文化，国民文化，地域文化，業種文化が入り乱れて，経営にさまざまな影響を及ぼすのである．なかでも，グローバルに経営を展開するならば，なによりもまず国民文化を理解しなくてはならないだろう（第9章以降参照のこと）．日本でうまくいった経営の方法をそのまま海外に持ち込んでも必ずしもうまくいかない．文化の違いを受け入れ，文化の違いを乗り越える経営も探求されなければならない（異文化経営）．

2. 企業文化の構造

　「真面目ナル技術者ノ技能ヲ，最高度ニ発揮セシムベキ自由豁達ニシテ愉快ナル理想工場ノ建設」，これは東京通信工業（後のソニー）のあまりにも有名な設立趣意書の一節である．メンバーはさぞかし，井深大が語る哲学や理念に心震わせ，夢やビジョンに心躍らせたことであろう．生まれたばかりの組織において，リーダーの哲学や理念がほとんどメンバーの価値や規範となる（第5章参照のこと）．リーダーの交代にともない哲学や理念が変わったり，環境の変化にともない価値や規範が変わるなど，だんだんと食い違いが生じてくる．

第1章　企業文化とは何か

リーダーの哲学や理念から方針や戦略が生まれる．理念や哲学と価値や規範に食い違いがあると，方針や戦略が絵に描いた餅になってしまう．しかし，メンバーの価値や規範は簡単に変わられるのだろうか．

　以上の指摘の前提にあるのは，文化に見える・聞こえる・話せる部分と，見えない・聞こえない・話せない部分があることである．シャイン（Schein, E. H.）によれば，企業文化については3つのレベルがあるという（Schein, 邦訳, 2004）．

　第1のレベルは，ロゴマークやユニフォーム，儀式や行事，英雄や神話，姿勢や態度（思考や行動の様式）などは外部者にも見える・聞こえる・話せる部分である（文物・人工物）．だからといって，理解できるわけではない．これら外部者にも見える・聞こえる・話せる部分を理解するためには，第2のレベ

図表1－2　文化の構造

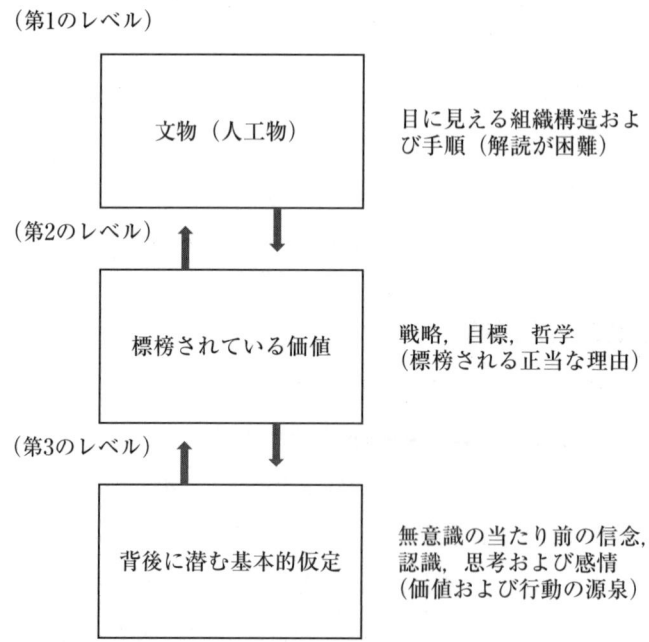

出所）Schein, E. H., 邦訳（2004：18）

ルの内部者にしかわからない部分を知ることが必要である（標榜されている価値）．内部者にしかわからない部分は，哲学や理念，規則や標語，慣習や禁忌などである．これらはすべて，日常の業務の中で，内部者に指針や基準を与えるものであるが，逆にいえば，指針や基準となるか内部者によって繰り返し検証されるものでもある．あるものは，忘れ去られ，あるものは，生き残る．生き残ったものは，だんだんと意識されなくなる．はや異論を唱える者もいない．すなわち，内部者にとってもわからない部分になってしまう．第3のレベルである見えない・聞こえない・話せない部分である（背後に潜む基本的仮定）．怠け者（命令されないと動かない）と働き者（決めた目標に向けて努力する）という暗黙のうちに想定されている人間の違いがマネジメントに反映されることをマクレガー（McGregor, D.）は看破したが（X理論とY理論），ここでの典型例といって良いだろう（McGregor, 邦訳, 1966）．内部者さえわからない部分まで理解しないと，組織を変革するとしてもうまくいかないのである．第3レベルの文化が変わるということは，少々大げさかもしれないが，（天動説から地動説への）コペルニクス的転回のような衝撃があるだろう（パラダイム転換）．

　文化がうまく機能するためには，第2レベルが第1レベルに体現されなければならない（梅澤，1990および2004）．すなわち，哲学や理念は，構造化（内面化）されて姿勢や態度に，制度化されて儀式や行事に，象徴化されてロゴマークやユニフォームに体現される．もちろん，理念や哲学が，方針や戦略，構造や制度，製品やサービスといった文化要素でないものによっても体現される．コーポレート・ガバナンスの視点，あるいはコーポレート・ブランドの視点から，哲学や理念がステークホルダーに理解されることが必要不可欠となった．見える・聞こえる・話せる部分もしっかりとコントロールしなければならない．

　戦略と文化の関係に着目すれば，戦略がうまく機能するためには，第2レベルと第3レベルが合致しなければならない（Davis, 邦訳, 1985）．第2レベルは，

なにをなすべきか（どうあるべきか）を示す戒律である（指導理念）．戒律はめったに変化しない．第3のレベルは，いかになせばよいか（どうすればよいか）を示す規則や感情である（日常理念）．規則や感情は，状況に応じて変化する．指導理念は，ビジョンやミッションであり，戦略策定に影響をおよぼす．日常理念は，戦略実行に影響を与える．指導理念と日常理念が合致していれば，策定された戦略がスムーズに実行されるのである．しかし，リーダー（経営者）によって導かれる指導理念とメンバーが使用する日常理念が乖離してしまえば，戦略の実行はおぼつかなくなる．

3. 企業文化の機能の光と影

　リーダーによる哲学や理念がメンバーの価値や規範として共有され，思考や行動の様式がまとまることが，環境と組織の関係および組織と個人の関係にいかなる影響をおよぼすのであろうか．価値や規範は，日常の業務に関わるさまざまなものごとに意味を与える．意味がぶれないと，日常の業務がとてもやりやすくなる．しかし，意味がぶれないと，意味を問わなくなり，創造がなくなってしまう．コインの表と裏が文化の機能にもある．以下で詳しくみていこう．

(1) 環境と組織の関係

　航海にたとえよう．船長は，天候の変化をしっかりと予測して舵取りをし，台風や氷山など危険にうまく対処し，いかなる時もクルーをまとめあげなければならない．リーダーの豊富な知識と経験から導き出される哲学や理念は，メンバーが日々の業務の中で，指針や基準，いわゆる「モノサシ」となるものである．ものさしがばらばらになってしまっては，思考もまちまちになり，行動もちぐはぐする．リーダーにいちいち指示を仰がなくても，メンバーがものさしを共有していれば，各々なすべきことを理解し，一致団結することができる．環境の変化を認識する，あるいは，環境の変化に対処する知恵を文化は提供し

てくれる．

　留意しなければならないことは，リーダーの知識と経験だけがモノをいうのではないことである．環境の変化に対処する知恵は，メンバーの知識と経験からもどんどん生まれる．これをリーダーの哲学や理念（第2レベル）と違うからといって排除してしまっては，おかしなことになる．リーダーがメンバーの価値や規範（第3レベル）にいつも注意を払い，むしろ積極的に取り上げて，リーダーの哲学や理念に融合させ，哲学や理念をよりよいものにしていく覚悟がなければならないのである．

(2) 組織と個人の関係

　メンバーに価値や規範が共有されることで，調整がしやすくなる．なすべきことがわかっていると，協力しやすいのである．コンフリクトも減るだろう．また，コミュニケーションも面倒くさくないだろう．いちいち前提を確認しなくてもよいのである．思考や行動の様式が似通っていると，親しみがわくといわれている．チームワークがとりやすくなるだろう．

　メンバーに加わった当初，仲間たちとうまくやっていくために，戸惑いながらも，リーダーの哲学や理念を受け入れるかもしれない．しかし，日々の業務の中で，哲学や理念を自分自身のものとしていくことで，個人の立場ではなく，組織の立場からものごとを考えるようになる．組織のメンバーであることに誇りを感じるようになる．組織のために働きたいという気持ちが生まれるかもしれない．

　しかし，リーダーの哲学や理念あるいはメンバーの価値や規範は絶対ではない．にもかかわらず，異論を唱えると浮いてしまい，仲間はずれになると思えば，はっきりと間違いとわかっていても，口に出すことがはばかられるだろう．集団圧力とよばれているもので，わざと間違った答えをさせる人物を実験に混ぜておくと，被験者は答えを間違いはじめるのである．間違ったことが堂々となされてしまうことになりかねない（集団浅慮）．

(3) ステークホルダー

　内部者のみならず，外部者に対しても文化は機能する．バブルが崩壊し，数々の企業の不祥事があらわになり，信用は失墜した．景気が後退する中，倒産が後を絶たない．コーポレート・ガバナンスが意識されるようになり，コンプライアンス（法令遵守）や情報公開（ディスクロージャー），説明責任（アカウンタビリティ）がステークホルダーから強く求められている．ステークホルダーに対して，哲学や理念をはっきりと伝え，使命や方針をしっかりと理解してもらうことが大切である．

　きびしいまなざしが向けられているからこそ，好印象・好感触を抱いてもらえれば，アドバンテージになる．コーポレート・ブランドを確立するチャンスでもあるのである．ただし，ホームページでリーダーが哲学や理念を熱く語ったとしても，あるいはコマーシャルでアピールしても，ステークホルダーと接触するメンバーの姿勢や態度が違うものであれば，マイナスになってしまう．また，リーダーに虚偽の報告をしたり，隠蔽したりすれば，大変なことになる．哲学や理念が組織の隅々まで染み渡るようリーダーは努力しなければならないのである．

4. 企業文化の類型

　血液が酸素を運ぶように，文化は意味を運ぶ．血液型があるように，文化型もある．ディールとケネディ（Deal, T. E. and A. A. Kennedy）によれば，業績が高い企業のほとんどが，価値や規範を理念，英雄，儀礼・儀式，ネットワークによって，組織に広くそして深く浸透させているという（Deal and Kennedy, 邦訳, 1983）．そして，リスクが高いか・低いか，フィードバックが早いか・遅いかによって，①逞しい，男っぽい文化，②よく働きよく遊ぶ文化，③会社を賭ける文化，④手続きの文化に分類できる，という．

　①　逞しい，男っぽい文化とは，リスクが高い×フィードバックが早い．成功と失敗が一夜で決まるギャンブルのような厳しい世界である．リスクを恐れ

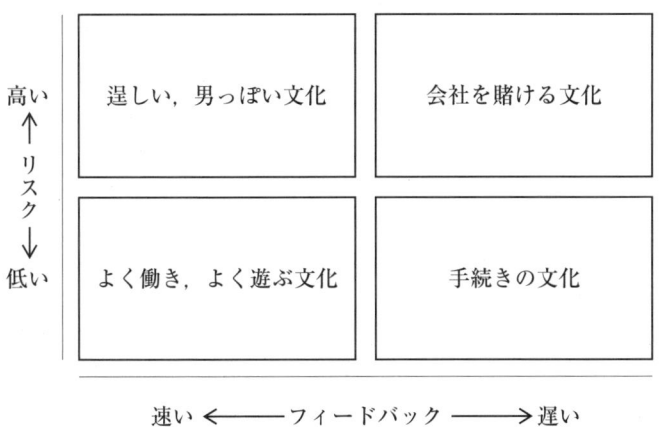

図表1-3　組織の類型

出所）Deal, T. E. and A. A. Kennedy，邦訳（1997）より作成

ず，勇猛果敢にチャレンジする．成功すれば，リターンも大きく，スターになれる．げんをかつぐなど迷信深い．失敗すれば，運が悪かったと間違いから学ぶことをあまりしない．目先の利益にとびつくことも多い．

　②　よく働き，よく遊ぶ文化とは，リスクが低い×フィードバックが早い．地道な努力が成功につながる．勤勉さが大切にされる．質より量がものをいう世界である．ベテランのテクニックがあこがれられる．チームプレーが多い．勤勉さの裏返しにゲームを好む文化である．とにかく数を合わせる，という姿勢がいい加減なものを生むこともある．

　③　会社を賭ける文化とは，リスクが高い×フィードバックが遅い．結果がなかなか出ないので，忍耐力が求められる．慎重さも大切である．未熟さは許されない．権威が尊重される．なにごとも会議で決めていく．ものごとが決まるのに時間がかかる．

　④　手続きの文化とは，リスクが低い×フィードバックが遅い．職務を手際よく完璧にこなすことに注意が集中する．細部にこだわる．なによりも失敗を嫌い，身を守ることに腐心する．会議がえんえんと続く．

いずれの文化であっても，価値や信念がよくゆきわたっている「強い文化」が業績を向上させる．強い文化を形成し，維持するのは，象徴的管理者（シンボリック・マネジャー）である．シンボリック・マネジャーは，文化の特徴を理解し，文化をうまく使いこなす．① 逞しい，男っぽい文化では，業績を上げた英雄（スター）を絶対的に支持する．② よく働き，よく遊ぶ文化では，問題を解決するためにチームにはっぱをかけて，解決の糸口がわかれば，大々的な儀式（キャンペーン）を行う．③ 会社を賭ける文化では，さまざまなネットワークを活用して，問題をあらゆる角度から検討させ，じっくりと解決の糸口を探す．④ 手続きの文化では，問題が生じれば，忍耐強く，新しい手続きが生まれるのを待ち，手続きの大切さをアピールする．すなわち，シンボリック・マネジャーは，理念，英雄，儀礼・儀式，ネットワークを巧みに使いこなして，文化を管理するのである．

5. 企業文化と業績

　企業文化ブームの火つけ役となったのが，『エクセレント・カンパニー』という著書である．筆者のピーターズとウォーターマン（Peters, T. J. and R. H. Waterman）は『エクセレント・カンパニー』の中で，収益率や成長率など業績がいちじるしく高い，まさに超優良企業に共通する特徴を抽出することで，成功する条件を描き出した（第7章を参照のこと）．なかでも，ハードではなくソフトとして，価値や規範にスポットライトを当て，組織の隅々まで価値や規範を浸透させていることが超優良企業に共通した特徴であるとした（Peters and Waterman, 邦訳, 1983）．前述したディールとケネディーによる『シンボリック・マネジャー』も同様の指摘があった．いわば「強力な企業文化が高い業績を生む」という考えである．

　コッターとヘスケット（Kotter, J. P. and J. L. Heskett）は，「強力な企業文化が高い業績を生む」かどうか，調査した（Kotter and Heskett, 邦訳, 1994）．コッターとヘスケットの研究は，第4章において詳細に説明されるが，ここで

は簡単に概略を述べることとする．コッターとヘスケットのいうところの強い企業文化とは，①リーダーが自分たちの流儀や方法を言及する，②リーダーが積極的に主義や信条としての価値を浸透させている，③昔からの制度や習慣が生き残っている，ことであり，ライバル企業の経営者に回答を求めた．①から③で高い数値をはじき出した企業，すなわち強力な企業文化の持ち主は，高い業績をたたき出していることがわかった．しかし，強力な企業文化の持ち主の中には，業績が低迷しているものもあった．

さらに，コッターとヘスケットは，「戦略に合致した企業文化が高い業績を生む」という考え方にもチャレンジした．唯一絶対の文化はなく，環境（戦略）に合致した文化がよい，すなわち，コンティンジェンシー理論である．業績がすぐれた企業と業績がふるわない企業をピックアップして，財務アナリストに戦略と文化の適合についてインタビューをし，評価してもらった．業績がすぐれた企業は，業績のふるわない企業よりも，戦略と文化が適合していることがわかった．しかし，業績のふるわない企業を詳しく調べてみると，かつて戦略と文化が適合していたことがあったのである．すなわち，戦略と文化が適合していても，環境の変化についていけず，適合が崩れ，業績が低迷してしまったのである．

「強力な企業文化が高い業績を生む」という考え方も，「戦略と合致した企業文化が高い業績を生む」という考え方も，短期的な業績の向上という点では間違いないだろう．しかし，長期的な業績の向上となるとあやしくなる．前述した企業文化の機能の影の部分（逆機能）が発生しているものと思われる．

コッターとヘスケットは，「環境に適応する企業文化が高い業績を生む」と考え，逆に環境に適応できない企業文化について検討した．環境に適応できない企業文化は，やはり官僚主義的なものであろう（環境が変化していない場合は高い業績につながるかもしれないが）．官僚主義的でないものについていろいろと調査した結果，高い業績をたたき出したのは，①顧客，株主，従業員に貢献することを重視する企業文化と，②リーダーシップを尊重する企業文

化であった．

　環境の変化は，ステークホルダーに貢献する意識をもっていれば，つかむことができる．組織を変えていくには，リーダーシップが必要であり，リーダーシップを大切にする土壌がなくてはならない．戦略が転換されても，リーダーシップのもと，ステークホルダーを満足させることを一番に考えることをメンバーの一人ひとりが認識していれば，抵抗は少ないはずである．

　逆に，環境の変化に適応できず，業績が低迷してしまうのは，自分たちの身のまわりの製品や技術ばかりに気をとられ，秩序の維持やリスクの回避に専心する企業文化であるという．まさに官僚主義的である．

　前述したように，ガバナンス，ブランド，アイデンティティといった視点とともに，文化と業績の関係からも，ステークホルダーの存在がクローズアップされるのである（第8章参照のこと）．

演・習・問・題

問1　われわれがユニフォーム（制服）を着用する理由について考えてみよう．
問2　カルチャー・ショック（海外に限らない）を受けたことを思い出して，文化の要素を考えてみよう．
問3　所属する組織あるいは身近な組織について，固有の文化を探ってみよう．

参考文献

Davis, S. M. (1984) *Managing Corporate Culture,* Harper & Row.（河野豊弘・浜田幸雄訳『企業文化の変革』ダイヤモンド社，1985年）

Deal, T. E. and A. A. Kennedy (1982) *Corporate Cultures,* Addison-Wesley.（城山三郎訳『シンボリック・マネジャー』新潮社，1983年）

Kotter, J. P. and J. L. Heskett (1992) *Corporate Culture and Performance,* Free Press.（梅津祐良訳『企業文化が高業績を生む』ダイヤモンド社，1994年）

McGregor, D. (1960) *The Human Side of Enterprise,* McGraw-Hill.（高橋達

男訳『企業の人間的側面』産業能率大学出版部, 1966 年)

Peters, T. J. and R. H. Waterman (1982) *In Search of Excellence*, Harper & Row, 1982. (大前研一訳『エクセレント・カンパニー』講談社, 1983 年)

Schein, E. H. (1999) *The Corporate Culture : Survival Guide — Sense and Nonsense about Culture* Change, Jossey-Bass. (金井壽宏監訳, 尾川丈一・片山佳代子訳『企業文化―生き残りの指針』白桃書房, 2004 年)

田尾雅夫 (1999)『組織の心理学　新版』有斐閣

梅澤正 (2004)『組織文化, 経営文化, 企業文化』同文舘

梅澤正・上野征洋編 (1995)『企業文化論を学ぶ人のために』世界思想社

梅澤正 (1990)『企業文化の革新と創造』有斐閣

―――《推薦図書》―――

1. 梅澤正・上野征洋編 (1995)『企業文化論を学ぶ人のために』世界思想社
    企業文化の研究者が一同に会して持論を展開する. 意欲的な作品が多い.
2. Schein, E. H. (1985) *Organization Culture and Leadership*, Jossey-Bass. (清水紀彦・浜田幸雄訳『組織文化とリーダーシップ』ダイヤモンド社, 1989 年)
    組織文化の定義, 構造, 機能, 生成と発展に真正面から取り組んだ名著.
3. 梅澤正 (2004)『組織文化　経営文化　企業文化』同文舘
    企業と文化の関わりについてさまざまな視点から論じる. 巻末の用語集も大変使いやすい.
4. 張虹・金雅美・吉村孝司・根本孝 (2004)『テキスト企業文化』泉文堂
    企業文化を企業と文化に分解して解説するなどわかりやすさを徹底的に追求した著作.
5. 加護野忠男 (1988)『企業のパラダイム変革』講談社現代新書, 講談社
    企業文化の一番深いところにあるパラダイムに焦点を当て, パラダイムの変革を探る.

第2章の要約

　第1章で述べたように文化は，企業の内部のみならず外部にも存在する．われわれが文化といった場合，思い浮かべるのは学問や芸術であろう．学問や芸術の世界と，利益や費用の世界がどのように交わるのか，さらに，文化と交わっていくことで経営にどのような影響があるのかについて検討していきたい．

　ビジネスとして文化と交わるのか，メセナ（芸術文化支援）やフィランソロピー（社会貢献）として文化と交わるのか，必ずしも境界線ははっきりとしないが，阪急電車や東急電鉄，資生堂など代表的なケースをふまえながら，企業と文化の関係について議論を進めていくことにしよう．

　メセナやフィランソロピーは，現代の社会に善くも悪しくも多大な影響を与える存在となった企業がいかに社会とつきあうかの問題へと連なる．この問題について，第12章や第13章で社会的責任論としてさらなる検討が加えられるが，本章では導入としてメセナやフィランソロピーの概念と内容を整理するものである．

第2章　企業と文化

1. 文化との交わり

(1) 様式と所産

　第1章で述べたように，文化には大別すると「様式」と「所産」という意味がある．様式としての文化を企業にあてはめれば，メンバーの思考や行動のパターンとなる．思考や行動のパターンの前提となる価値や信念まで含めて，企業文化とよばれる．

　しかし，企業文化とよばれるものには，所産としての文化もある．ここでの所産とは，精神活動によってもたらされた学問，道徳，芸術等々のことを指す．映画産業のように，文化をビジネスの対象とし，いわば利潤を追求するために事業を営むことで文化と関わることがある．文化事業とよばれるものである．対して，芸術家支援のように，社会に貢献するために文化と関わる事業を営むことは，文化活動とよばれる（張・金・吉村・根本，2004）．さらに，文化事業や文化活動によって，外部者とのコミュニケーションを促進し，外部者が抱くイメージを向上させたり，内部者（メンバー）の価値や信念を変容させたりする文化戦略もしばしば企業文化に関する議論の題材となる（上野，1995）．

　間接的ではなく，直接的に文化を利潤追求のための事業の対象としているものは，映画産業をはじめ数多くあげられよう．競争が繰り広げられ，生き残るものもあれば，消え去るものもある．利潤の追求というベクトルと文化の発展というベクトルには乖離があり，文化を事業とすることの是非は問われるべきであろう．

　また，所産としての文化だけではなく，様式としての文化も含めてみると，われわれの身近な生活と切っても切れない関係にあるさまざまな企業が文化を事業の対象としていることになる．高度経済成長を経て，物質的な豊かさよりも精神的な豊かさを求め，経済のソフト化・サービス化が進み，ハードウェアとソフトウェアが密接な関係になってくると，消費者というよりも生活者とし

て，われわれは商品を享受する．生活者としてわれわれは，商品の機能をモノとして満足するよりも，商品の機能をコトとして満足するようになる．たとえば，携帯電話ひとつをとってみても，さまざまな物語が絡まってきて，生活の景色を構成する要素となりえる．したがって，商品を顧客に提供する場合，商品を使用するシーンを思い浮かべるだけでは不十分である．商品を選択する，購入する，売却するシーンも考慮しなければ，チャンスを見逃してしまう，あるいはピンチを招いてしまう時代なのである．商品が文化となる，といっても大げさではないのである．

(2) 文化と文明

ここで，再度，文化という言葉について検討を加えてみよう．福沢諭吉による『文明論之概略』がきっかけとなり，文明開化という言葉が浸透し，「ザンギリ頭をたたいてみれば，文明開化の音がする」という流行語が生まれる．以降，英語の civilization の訳語として文明という言葉が起用されたのである．対して，文化という言葉は，ドイツ語の Kultur にあてられた訳語であったが，明治時代においては文化と文明ははっきりと区別されていた訳ではないという（和辻・古川，1977）．大正時代になると，ドイツ観念哲学の影響もあって，文化は学問や芸術など精神的なもの（精神文化），文明は道具や装置など物質的なもの（物質文明）と区別され，しかも，精神文化を高く，物質文明を低くみるようになった．

文化と文明は切っても切れない関係にある．日置弘一郎は，文化と文明の関係をソフトウェアとハードウェアの関係になぞる．すなわち，「ハードウェアの制約がソフトウェアを決定する部分と，ソフトウェアの要請に合わせてハードウェアを設計する」（日置，1994：27）という関係である．また，文化と文明は峻別されるものでもない．技術や制度は，文化なのか，文明なのか．ハードウェアがあって機能するソフトウェアとは別に，ハードウェアを制御するファームウェアがあるが，技術や制度はファームウェアのように，ハードウェ

アに組み込まれるものであり，ハードウェア，すなわち文明ととらえることもできる（日置，1994）．

さて，経営が長らく対象としてきたのは，文明である（企業の存在自体も文明の所産である）．学問や芸術でなく，技術や商品である．しかし，経営の対象は必ずしも文明だけではなかったのも事実である．

経営の現場において費用の論理あるいは能率の論理ばかりが取り沙汰されるが，ホーソン実験によってわれわれは，感情の論理を見過ごしてはならないことに気づかされた．ホーソン実験に関わったメイヨー（Mayo, E.）やレスリスバーガー（Roethlisberger, F. J.）は，経営における経済的機能と社会的機能の均衡の必要を説くとともに，経営において人間の問題が等閑（なおざり）にされていることに警鐘を鳴らした．

さらに，ピーターズとウォーターマン（Peters, T. J. and R. H. Waterman）が，象牙の塔にこもり日夜，戦略の分析に明け暮れる戦略家を「分析麻痺症候群」と揶揄し，戦略を実行する現場の人間の行動や価値をもっと重視すべきであると論じた．この『エクセレント・カンパニー』が契機となって企業文化がクローズアップされるようになったのである．

しかし，これだけで，経営の対象が文明だけではなく，文化にも及んだということにはならない．以下では，文化を事業の対象とした先駆者たちに触れ，経営の対象としての文化に肉薄しよう．

(3) 先駆者たち

技術や商品を扱う経営の世界に，芸術を持ち込んだ経営者が明治時代にいた．宝塚歌劇団の生みの親である小林一三である．小林一三は，箕面電車（後の阪急電鉄）を創設，田舎電車（みみず電車とよばれた）を阪神電車と争えるような私鉄大手に育て上げた．

経営の手腕を買われて，東京電灯（後の東京電力）を再建したり，東宝映画を設立したりした．箕面電車を創設するにあたり，小林一三が手掛けたのが，

箕面動物園である．箕面動物園は採算がとれず撤退したものの，宝塚新温泉の建設や宝塚歌劇団の創設へとつながる．同時に，沿線住民の増加による増収を狙って，宅地開発にも積極的であった．新中間層（ホワイトカラー）をターゲットに，田園都市の郊外生活をどんどんアピールしたという（佐々木，2001）．

　宝塚歌劇団も含めて，小林一三がとったさまざまな施策は，あくまで阪急電車の増収増益を狙ったものであろう．さしずめ，祭に市がたつ，という考えである．ただ，市では儲けても祭で儲けようとは思っていなかったようだ．たとえば，梅田駅に阪急百貨店（ターミナル・デパートのはしり）を建設したが，阪急百貨店のキャッチフレーズは，「どこよりも良い品を，どこよりも安く」であった．

　小林一三の理想と施策は，上野征洋による以下の文化活動の定義と符合する（上野征洋は，文化事業と文化活動を区別していない）．すなわち，「企業がマーケティング活動やコミュニケーション戦略のうえで芸術や伝統文化などの利用を企図し，生活文化の向上や新たな社会的価値の醸成に向けての提案等を行う活動」である（上野，1995：57）．

　小林一三の影響を受け，五島慶太が設立した東急電鉄も，学園誘致をはじめ積極的に宅地開発を断行した．五島昇は，渋谷の東急百貨店本店の隣に東京文化村という音楽（オーチャードホール），演劇（シアターコクーン），美術（ザ・ミュージアム），映画（ル・シネマク）が堪能できる複合施設を建設した．しかし，鑑賞のための施設というだけではない．オリジナル作品を創造したり，新進気鋭のアーティストを招聘したり，新人を発掘し，育成するなど，文化を生み出す創造のための施設であり，交流を促進する出会いの施設でもあるという（清水，1997）．

　もちろん，文化施設（東急文化村）と商業施設（東急百貨店）の相乗効果も期待されるとともに，東急電鉄の本拠地となる渋谷の発展による集客効果も織り込んでの東急文化村の建設であっただろう．しかし，東急文化村が東急グループの存在理念である「美しい生活環境を創造し，調和ある社会と，一人ひ

とりの幸せを追求する」がかたちとなったものであることに違いはない（東急グループホームページ）.

　文化を経営の対象とする場合，なによりもまず，文化に対する深い造詣があり，文化の発展に貢献する意識がなくてはならない．そして，文化を扱う事業がいかなる効果をあげるのか，文化を扱わない事業との相乗効果を説明できるロジックがなくてはならない．さらに，文化に対する姿勢や意思，文化がもたらす効果のロジックが経営者の手によって理念や哲学として結実し，表明され，組織の隅々まで浸透されていなければならない．梅澤正のいうところの「磨かれた知性と美しい心」を判断のよりどころにする企業とはこういう企業を指すのであろう（梅澤，2003）．磨かれた知性と美しい心によって，利潤の追求と文化の発展というベクトルは近づくものと思われる．

2. メセナとフィランソロピー

(1) メセナとフィランソロピー

　メセナ（mecenat）という言葉がある．ローマ帝国の初代皇帝アウグストゥスの寵臣であるマエケナス（Maecenas, C. C.）が芸術家を庇護したことに由来し，フランス語で芸術・文化を支援することをメセナとよぶようになった．

　メセナの啓発・普及をはかるために設立された企業メセナ協議会は，メセナを「即効的な販売促進・広告宣伝効果を求めるのではなく，社会貢献の一環として行う芸術文化支援」と定義している（企業メセナ協議会ホームページ）．同協議会によれば，具体的には，美術展や音楽会，演劇会などを運営する・協賛する（資金援助）・支援する（非資金援助），文化施設を設立し保有する，顕彰によって芸術家を育成し支援する，芸術文化活動を助成するといったことがメセナになるという．

　メセナは，美術展や音楽会，演劇会などを運営するという積極的なものであったとしても，利潤の追求のためではなく，社会に貢献するためになされることに特徴がある．芸術・文化を支援する以外にも，財団を設立する，寄付行

為をする，学術・研究を振興する，ボランティア活動を推進する，非営利組織を支援するなど，社会に貢献するために業務からかけ離れた事業に取り組む企業が増えている．社会に貢献するための事業を総称して，フィランソロピー（philanthropy）とよぶことがある．

　フィランソロピーは，ギリシャ語のフィリア（愛）とアンスロポス（人類）から派生したもので，慈善や博愛を示す．フィランソロピーの種類には，① 寄付行為，② 活動の企画・運営，③ ボランティア活動支援がある（経済団体連合会編，1994）．

　① 寄付行為は，災害義援金，各種団体寄付，協賛金などである．必ずしも金銭とは限らず，施設開放や人材提供なども含まれる．経団連による1％（ワンパーセント）クラブが代表例であろう．アメリカのパーセントクラブを見習って，法人については経常利益の1％以上，個人については可処分所得の1％以上を社会貢献活動のために寄付しようというものである．寄付に対して一定の限度まで損金算入することが認められている，つまり税金が免除されることに注意したい．

　② 活動の企画・運営は，技術やノウハウをいかしてボランティア活動や各種イベントなどを企画・運営していくことである．サントリーはミュージアムやコンサートホールを所有し，美術展や音楽会を開催したり，芸術家や研究者を助成・顕彰したりしている．また，ラグビー部をはじめスポーツ振興にも積極的である．日本IBMが視覚障害者のために点字に翻訳されたデータを蓄積し，視覚障害者が活用できるようにネットワークを構築したてんやく広場も有名であろう（現在は，ないーぶネットとして全国視覚障害者情報提供施設協会によって運営されている）．

　③ ボランティア活動支援は，従業員がボランティア活動に積極的に取り組めるよう環境を整備することである．具体的にはボランティアのための休暇・休職をとれるようにする，ボランティアを体験する機会を提供する，ボランティア功労者を表彰するなどがあげられよう．また，従業員がある団体になん

らかの寄付をした場合，企業も同じように（同一の団体に対して，たとえば，同額を）寄付をするというマッチング・ギフトも，ボランティア活動支援にあたるであろう．

(2) フィランソロピーの是非

メセナあるいはフィランソロピーは，もともと個人によるものである．欧米において貴族の伝統を受け継ぎ，身分や地位が高い者は相応した義務や責任を果たさなければならないというノーブレス・オブリージュ（noblesse oblige）とよばれる道徳観がある．鉄鋼王のカーネギー（Carnegie, A.）や石油王ロックフェラー（Rockefeller, J. D.）も，個人の資産を切り崩して財団を設立し，フィランソロピーに徹したのである．日本においても渋沢栄一のように，医療と福祉の発展に貢献し，学術・研究を奨励し，国際親善に尽力した企業家は数多い．ただ，「克く道徳を守り，私利私欲の観念を超越して，国家社会に尽くす誠意を以て獲得せし利益は，これ真性無垢の利益というを得べし」（渋沢，1985）という渋沢栄一の言葉でわかるように，国益の実現のもとにフィランソロピーがなされていたといえよう．

個人によるものでなく，企業によるフィランソロピーとなると，賛否が問われる．フィランソロピーをせずに，ひたすら利潤を追求し，株主に利益をもたらすことで，社会に貢献しなければならないという意見である．利益をもたらされた株主が，個人としてフィランソロピーをすればよろしい，ということである．また，フィランソロピーの費用が価格に転嫁されるならば，かえって消費者の不利益につながるという批判もある．

企業のフィランソロピーに対する擁護論としてあげられるのは，公害問題をはじめとする企業批判を受けて次第にひろまった「企業市民（corporate citizenship）」という考え方であろう．端的にいえば，企業も個人と同様に社会を構成する市民のひとりである，ということであり，利潤を追求するにあたり，まずもって法律を遵守し（コンプライアンス），世の中に迷惑をかけない，地

域社会と共存共栄をはかることが求められるようになったのである．企業市民の考え方をさらに一歩進めれば，フィランソロピーということになる．また，利益との関係に触れるならば，フィランソロピーもけっして利益と無関係ではない．すなわち，短期的な目先の自己利益にとらわれることなく，地域の発展に貢献することが，長期的な利益をもたらし，企業の存続・発展につながるという「啓発された自己利益（enlightened self-interest）」という考え方である．

ただ，日本においては昔から陰徳の思想がある．人に知られずに善い行いをすることをよしとする風潮があり，フィランソロピーに利益が絡むとなると眉をひそめるむきもある．いきおい日本の場合，フィランソロピーの企業からの独立が議論されることがある．対して，アメリカの場合，フィランソロピーの政府からの独立が論じられ，大きな政府か・小さな政府かの政策によって，企業によるフィランソロピーに対する政府非営利団体からの期待が変わるという（出口，1993）．

3. マネジメントとともに

（1）資生堂のメセナ，フィランソロピー

資生堂は，化粧品メーカーのトップ企業である．化粧品事業のほかにトイレタリー事業や医薬品事業などを営んでいる．資生堂は，和魂洋才の明治時代に化粧品を売り始め（前身は西洋調剤薬局である），大正時代に化粧品がメインとなるにつれ，意匠部をいちはやく置き，銀座に画廊（資生堂ギャラリー）を作り，文化情報誌（『資生堂月報』，現在の『花椿』）を発行するなど，芸術文化支援，すなわちメセナに積極的になった．2代目の経営者である福原信三が写真家であり，芸術文化に造詣が深かったこともあるが，化粧品がメインとなり，芸術文化に積極的に関わっていくことで資生堂のイメージを形成していく意図もあったと思われる．同時に，商品のアイデアを芸術文化との交わりの中に求めようとしたのかもしれない．

資生堂のフィランソロピーは，①メセナ（芸術文化支援），②サクセスエイ

ジング，③社会的弱者支援から構成される．①メセナは，資生堂ギャラリーをはじめとするいくつかの施設における展覧会の開催，コンサートやミュージカルなどイベント協賛，情報誌『花椿』の発行および顕彰（現代詩花椿賞），展覧会のカタログの発行と編集による芸術家支援などである．②サクセスエイジングは，美しく健やかに加齢することである．資生堂は，フォーラムやシンポジウムの開催，関係機関へのサンプル・パンフレットの配布，研究助成など学術支援に努めている．③社会的弱者支援は，高齢者や障害者を対象とした身だしなみ講座，低アレルギー米の開発と販売，従業員のボランティア参加に対する支援，さらに資生堂社会福祉事業財団を設立して，児童福祉施設職員などの研修や子育てセミナー，出版事業などを営んでいる（資生堂のホームページおよび財団法人資生堂社会福祉事業財団ホームページ）．

多岐にわたる資生堂のメセナやフィランソロピーにおいて共通することがある．「私たちは，多くの人々との出会いを通じて新しく深みのある価値を発見し，美しい生活文化を創造します」という企業理念とかけ離れたことはしていない，ということである．また，化粧品事業やトイレタリー事業において蓄積されてきた知識や経験がうまくいかせるようなものを手掛けていることである．たとえば，女流画家協会展の支援などの女性の表現を対象にする，資生堂企業資料館を開館して資生堂の商品や広告を展示する，皮膚に関する研究を助成する（サクセスエイジングの一環），高齢者や障害者に対して美容に関する教材を作成したり，講座を実施する，『やけどを克服するために』を翻訳出版する，児童福祉および女性福祉に対して支援する，など理念や事業につながるものに絞られているのが資生堂のメセナやフィランソロピーの特徴である．

資生堂は企業文化部を日本で最初に設置した企業でもあり，次のように企業文化に関して独自の定義をしている．「企業文化とは，当該企業の理念・創業の精神を土台にして，構成員たちが知的・感性的に創造活動を展開した結果，その一部が蓄積された成果であり，経営資産として活用可能なもの―すなわちヒト・モノ・カネに次ぐ第四の経営資産である」（資生堂企業文化部編, 1993：16）.

つまり，知的資産や感性資産こそが企業文化である，ということであろうが，資生堂のいうところの知的資産は，研究成果や製造技術，ノウハウなどを指し，感性資産は，宣伝・広告における美意識やデザイン感覚などを指すものである．

あらゆる活動において知的資産や感性資産は蓄積され，活用される．メセナやフィランソロピーも例外ではないのである．知的資産や感性資産を活用してメセナやフィランソロピーに取り組むことで持続可能なものとなり，メセナやフィランソロピーによっても知的資産や感性資産が蓄積される．そして，蓄積された知的資産や感性資産をビジネスに活用していく．いわば，絶えず企業文化が蓄積され，活用されることで，ビジネスとメセナやフィランソロピーが進化していくのである．

(2) 経営における意義

メセナとフィランソロピーが経営に及ぼす影響は大きい．そもそも，メセナもフィランソロピーも企業と社会をつなぐ糸なのである．コミュニケーションそのものであるといってよいだろう．効率をあまりに重視すれば，内部のことばかりに気をとられ，外部とのつながりに関心が向けられることは少なくなる．効率がいくら上がったとしても，世の中の趨勢を読み誤り，失敗に気づかなければ，存続が危ぶまれる．

フィランソロピーやメセナに積極的に関わっていくことで，ステークホルダーたちと対話することができ，ステークホルダーたちのさまざまな価値に触れることができる．投資する人たちの満足を考え，商品を購入する人たちの満足を考え，働く人たちの満足を考えるとき，自分自身の場所（存在意義あるいはアイデンティティ）がわかり，舵をとるべき方向（ドメイン）がはっきりしてくるのである．組織に共有される価値や信念としての文化も，他者の眼に映る自己の姿を目の当りにすることで揺らぎはじめるかもしれない．文化の変革の契機も生まれよう．

形ばかりの，あてがわれた，おしきせのフィランソロピーやメセナではなく，

理念や哲学に照し合わせ，一人ひとりが考え，磨かれた知性と美しい心から生まれたものであるならば，働く人たちに対して所属する機関の使命や意義を認識する機会を提供するとともに，意気に感じて大いに動機づけることができよう．マネジメント，フィランソロピー，メセナがいかなる関係か，上野征洋によれば，三者が相互に補完し合って，社会的価値を高めていくことだという（図表2－1参照）．

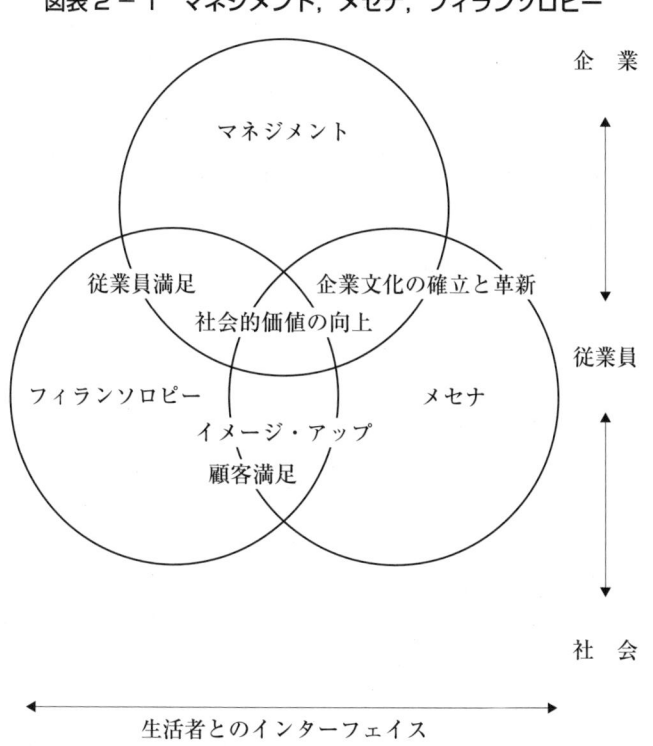

図表2－1　マネジメント，メセナ，フィランソロピー

```
                        企　業
           マネジメント
                            ↕
     従業員満足    企業文化の確立と革新
           社会的価値の向上
                            従業員
   フィランソロピー      メセナ
           イメージ・アップ
              顧客満足
                            ↕
                        社　会

    ←――――――――――――――――→
        生活者とのインターフェイス
```

出所）上野征洋（1995：67）

> ### 演・習・問・題
> 問1　文化とはなにか，もう一度，考えてみよう．
> 問2　フィランソロピーやメセナについて，政府，個人，企業がどう取り組むべきか，議論してみよう．
> 問3　フィランソロピーやメセナについてケースを調べてみよう．

参考文献

張虹・金雅美・吉村孝司・根本孝（2004）『テキスト企業文化』泉文堂

出口正之（1993）「アメリカの企業フィランソロピー」島田春雄編著『開花するフィランソロピー――日本企業の真価を問う』TBSブリタニカ

日置弘一郎（1994）『文明の装置としての企業』有斐閣

企業メセナ協議会ホームページ　http://www.mecenat.or.jp/index.html

経済団体連合会編（1994）『企業の社会貢献ハンドブック』日本工業新聞社

佐々木聡編（2001）『日本の企業家群像』丸善

渋沢栄一（1985）『論語と算盤』国書刊行会

清水嘉弘（1997）『文化を事業する』丸善

資生堂のホームページ「社会活動」　http://www.shiseido.co.jp/social/html/index.htm および財団法人資生堂社会福祉事業財団ホームページ　http://www.zaidan.shiseido.co.jp/html/

資生堂企業文化部編（1993）『創ってきたもの伝えてゆくもの――資生堂文化の120年』求龍堂

東急グループホームページ　http://www.tokyu-group.co.jp/rinen/rinen.html

上野征洋（1995）「消費文化の進展と企業文化――マーケティング戦略から『社会・文化戦略』へ」梅澤正・上野征洋編『企業文化論を学ぶ人のために』世界思想社

梅澤正（2003）『組織文化　経営文化　企業文化』同文舘

和辻哲郎・古川哲史編（1977）『日本の文化』毎日新聞社

《推薦図書》

1. 島田春雄編著（1993）『開花するフィランソロピー――日本企業の真価を問う』TBSブリタニカ

フィランソロピーに関する理論や日・米・欧のフィランソロピーなどが紹介されている．

2. 経済団体連合会編（1994）『企業の社会貢献ハンドブック』日本工業新聞社
　　フィランソロピーに取り組むための方法や事例がふんだんに紹介され，用語集もついている．
3. 企業メセナ協議会編（2003）『メセナマネジメント―戦略的社会貢献のすすめ』ダイヤモンド社
　　メセナとビジネスを積極的にリンクさせマネジメントの対象とする，メセナ活動実態調査も大変参考になる．
4. 出口正之（1993）『フィランソロピー―企業と人の社会貢献』丸善
　　フィランソロピーを支える制度に関する考察も含めてさまざまな示唆が得られよう．

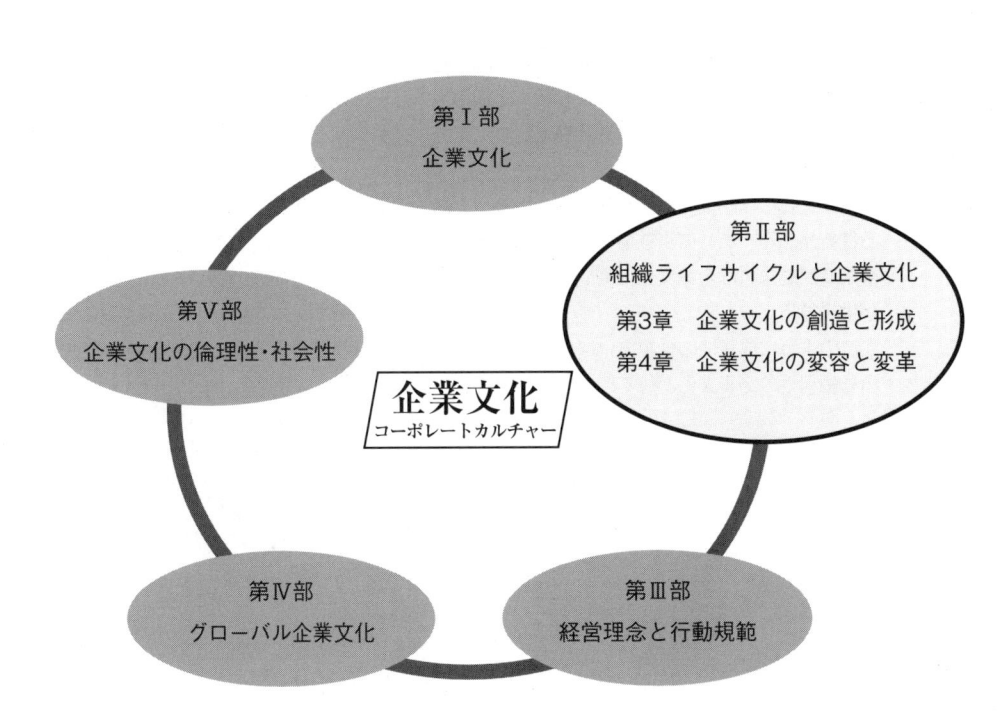

第Ⅱ部
組織ライフサイクルと企業文化

- 第Ⅰ部 企業文化
- 第Ⅱ部 組織ライフサイクルと企業文化
  - 第3章 企業文化の創造と形成
  - 第4章 企業文化の変容と変革
- 第Ⅲ部 経営理念と行動規範
- 第Ⅳ部 グローバル企業文化
- 第Ⅴ部 企業文化の倫理性・社会性

企業文化
コーポレートカルチャー

第3章の要約

　本章では，企業の創業者（企業家あるいは起業家）のもつパラダイムや価値観が企業組織メンバーに共有され，行動パターンとして定着するまでの段階を「企業文化の創造」，創業者によって創造された企業文化が次第に強固なものとなっていく段階を「企業文化の形成」としてとらえて議論をすすめていくことにしよう．

　企業の創業期から成長初期においては，経営者のリーダーシップ行動が組織メンバーに価値観や行動パターンの共有を促す大きな要因となる．そして企業文化は，成長期の事業戦略の成功体験の積み重ねによってより多くの組織メンバーに深く浸透していき「強い文化」が形成されていく．また組織構造，経営制度，業務プロセスなどの経営システムも文化共有のメカニズムとして作用する．

　企業文化には組織の一体感を高め，組織メンバーの活力，自律性，情報共有度などを高める機能がある．これにより事業戦略の成功確立が高まり企業業績の向上を促進する．また企業業績が高まれば企業文化の機能が高まりさらに事業戦略の成功が続いていくという好循環が生まれる．

　このように成長期の企業文化は企業の環境適応行動のなかで文化特性に共通性をもちながらも個別性のある文化として形成されていくのである．

第3章　企業文化の創造と形成

1. 創業期の企業文化の創造

(1) 創業者による理念の注入

　企業とは，創業者（創業者集団）の描くビジョンあるいは経営理念を実現するために設立される営利組織である．そうであれば，創業期の企業文化は創業者のパラダイム（認識の枠組み）と価値観が基盤となって，創業者によって創りだされたものといえる．

　創業者が経営者としてリーダーシップを発揮して事業を軌道に乗せていく過程で，創業者の価値観が組織メンバー（中間管理者，一般社員）によって支持されていく．このことによって企業の価値観（共有価値）が創られていき，同時に創業者のパラダイムが組織メンバーに無意識のうちに浸透していくので，企業のパラダイム（共有パラダイム）も創られていく．

　シャイン（Schein, E. H.）は，企業文化の創造プロセス（過程）のはじまりは，創業者によって創業者集団が創設されるプロセスにあるとして，次のように説明している．

① 1人の人間（創業者）が新事業に関するアイディアを抱く．
② 創業者は，1人またはそれ以上の人々を集め，創業者と共通のビジョンをもつ中核的集団を創る．
③ 創業集団は，資金を集め，特許を入手し，会社を設立し，用地を定めるなどにより組織を創設するため協調行動をとりはじめる．
④ さらに他の人々がこの組織に呼び込まれ，共通の歴史が構築されはじめる．

（Schein, 邦訳, 1989：268）

　このように創業期においては，創業時点で創業者集団によってすでに共有化されているパラダイムと価値観が企業文化の創造プロセスの出発点となる．それらが創業経営者のリーダーシップによって，創業者集団からより多くの企業

の組織メンバーに共有されていく．企業文化の創造プロセスが進行していくことで次第に共有パラダイムと共有価値が形成されていく．そして，企業全体に行動パターンや言語的要素，物理的要素などの文化的要素が定着していくのである．

次に，企業文化の中核的要素である共有パラダイムや共有価値，組織メンバーの行動パターンの関係をみてみよう．

(2) 企業のパラダイム，価値観と行動パターンの関係

企業文化創造プロセスの初期段階として共有価値と共有パラダイムの形成がなされると，それらは組織メンバーの意思決定基準として機能する．そして企業文化創造プロセスが進んでいくと，それらの機能が意思決定レベルから行動レベルへとその範囲が広がっていくのである．

ここでは，経営学の意思決定論の定説に基づいて，組織メンバーに共有されたパラダイムと価値観が彼らの行動パターンにどのような影響を与えるかについて説明していこう．

個人は価値前提と事実前提に基づいて意思決定するとされている．これに基

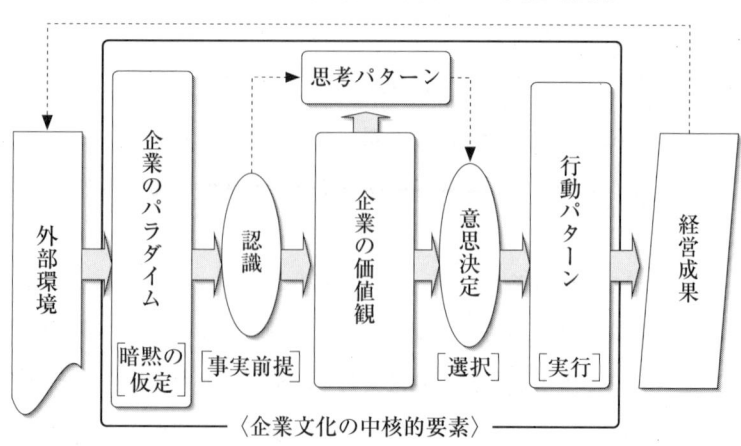

図表3－1　企業文化の中核となる文化的要素

［外部環境］→［企業のパラダイム（暗黙の仮定）］→認識［事実前提］→［企業の価値観］→意思決定［選択］→［行動パターン］［実行］→［経営成果］

思考パターン

〈企業文化の中核的要素〉

づけば組織メンバーが意思決定するときの価値前提として機能するのが共有価値である．

　つまり共有価値は，何が重要で何が重要でないかという「ものの見方（認識）」や「考え方（思考方法）」なので組織メンバーの価値判断の基準として機能するのである．一方，共有価値が組織メンバーの価値基準であるということは，それは行動基準としても機能する．規範あるいは行動規範といわれるものである．

　企業文化の要素として共有価値と行動規範を分けて考えることもできるが，ここでは行動規範も組織メンバーに共通の判断基準なので共有価値に含まれるものとして考えることにしよう．

　すなわち，企業に価値基準と行動基準となる共有価値が形成されれば，組織メンバーに共通の行動パターンが形成されることになる．

　共有パラダイムは，共有価値よりも深い心のレベルで組織メンバーに共有されるので意識されることはない．それは個人の意思決定の事実前提となる客観的な事実そのものを組織メンバーが認識するさいに，暗黙のうちに前提として機能するのである．

　これは，認知科学ではメンタルモデルとして説明される概念である．個人が物事をどのようにとらえるかという事象の認識の結果と，そこにいたる認識パターンそのものを規定するものである．たとえば，世界観，人間観，自然観はメンタルモデルとして人の心の深層に無意識のうちに形成されている．メンタルモデルは人の精神の発達段階の中で，国，地域，家庭，教育，経験，知識などの影響を受けながら個人の心の無意識の領域に形成されていくものである．

　これはシャインが「基本的な暗黙の仮定」（Schein, 1985；2004年の著作では背後に潜む基本的仮定）と定義する文化のもっとも深いレベルの要素であり，目に見えないばかりか意識することすらできないものである．外部から直接観察することや測定することは不可能であり，目に見える文化的要素から推測するしか方法はない．

(3) 事業初期の成功体験による文化的要素の定着

　企業文化は，創業経営者のリーダシップ行動によって創造されることを述べてきた．リーダーの行動が組織メンバーに共通のパラダイムと価値観をもたせ，それが共通の行動パターンを形成するのである．ここでは，企業文化の中核となるこれらの文化的要素がどのように企業に定着していくのか，その具体的なプロセスをみてみよう．

　パラダイム，価値観，行動パターンなどの文化的要素が企業に定着するには事業戦略の成功が必要である．組織メンバーが成功体験をすることによってそれらの共有化がすすみ，さらに成功体験が繰り返されることで文化的要素として企業全体に定着していくのである．

　たとえば，創業経営者は創業者集団で共有された事業のビジョンや経営理念を中間管理者や一般社員に語りかけるなどして表明する．経営者は事業戦略を組織メンバーに示し，その実行のために計画を立て，中間管理者を通じて，あるいは直接に一般社員に指示，命令を出す．組織メンバーが経営者のビジョンや経営理念に込められた価値観を受け入れて事業戦略を実行する．事業戦略が顧客ニーズや競争環境などの市場環境に適合し成功する．

　事業戦略の成功が続けば，組織メンバーは経営者が策定した戦略だけでなく，その前提となっている事業ビジョンや経営理念に込められている経営者の価値観が正しいことを実感し，それを自分のものとして内面化していくだろう．また戦略実行のときに自分たちがとった一定の行動パターンの有効性も自覚し，次の戦略を実行するときも同じ行動パターンをとるようになるだろう．

　こうして事業戦略の成功体験を通じて組織メンバーは，共通の価値観と行動パターンをもつようになり，同時に暗黙のレベルで共通のパラダイムをもつようになっていくのである．

　シャインは，企業に文化的要素を定着させるメカニズムを1次的リーダーシップと2次的リーダーシップの2つに分けて次のように説明している．

Ⅰ．主要な定着のメカニズム
- リーダーが定期的に注意を払い，測定し，管理していること
- 重大な事態や組織の存亡の危機にリーダーがどのように反応するか
- リーダーが限定的な資源を割り当てる際に観察される基準
- 入念な役割モデル，指導，コーチ
- リーダーが報酬，地位を与える際に観察される基準
- リーダーが組織のメンバーを募集，採用，昇進，退職，解雇する際に観察される基準

Ⅱ．二次的明文化および強化のメカニズム
- 組織の設計，構造
- 組織のシステム，手順
- 組織内の作法，しきたり
- 物理的空間，外観，建物の設計
- 人々や出来事に関する話題，語り草および逸話
- 組織の哲学，価値観，信条に関する公式の声明

(Schein，邦訳，2004：100)

2. 成長期の企業文化の形成

前節では，創業経営者のリーダーシップが創業期の企業文化の創造において中心的な役割を果たすことを説明した．事業初期に経営者が企業のビジョンと経営理念を実現するシナリオとして策定した事業戦略が成功することで，組織メンバーが共通の価値観と行動パターンをもつようになるのである．

ここでは，事業初期に創造された企業文化が，事業の成長が続く中で「強い文化」となること，そのことが業績の向上を促し，その高業績がさらに文化を強固なものとするという好循環の関係から企業文化の形成を論じよう．

(1) 文化共有のメカニズム

　企業文化は，企業の環境適応行動の中で組織メンバーが学習を重ねることで形成されていく．

　創業期から事業初期においては，経営者のシンボリック（象徴的）な行動やビジョンや理念を伝える発言内容など，リーダーシップが組織メンバーの価値観や行動パターンの共有を促す大きな要因となる．そして経営者のリーダーシップによって創造された企業文化は，事業の成功という経営成果によってより多くの組織メンバーにより深く浸透していく．

　企業の成長期では，事業の成功体験が繰り返されることになるので，共有パラダイム，共有価値，行動パターンの組織メンバーへの浸透度は時間とともに高まっていく．このときトップやミドルなどの管理者としての個人の行動は，それら文化的要素の共有を促すメカニズムである．

　たとえば，事業の成功体験から得られた教訓の言語化（口頭や文書による伝達），日常のマネジメントに対する姿勢（段取り，指示・命令，管理・監督，教育・指導，測定・評価など），問題が発生したときの意思決定と対応行動などが文化共有のメカニズムとして作用する．

　また事業戦略，リーダーシップ行動に加えて，企業の組織構造や制度などの経営システムも文化共有のメカニズムとして作用する．

　たとえば，組織の権限の体系（指揮・命令系統），賃金・報酬制度（インセンティブ，能力評価基準），採用・昇進制度（キャリアパス），職務規定（勤務時間，服装，休暇制度），研修制度（幹部研修，OJT，ジョブ・ローテーション）などである．

　経営システムは，どのような能力・実績が評価されるのか，どのような地位にどのような権限が与えられているのか，どのような仕事のやり方をするべきなのかなどを規定するものなので，組織メンバーはそれらを通じて意識的にも無意識的にも企業の価値観を学び，同時にパラダイムも共有されていく．また経営システムに組み込まれた業務プロセスあるいは日々の業務の繰り返しによ

図表3-2　文化共有のメカニズム

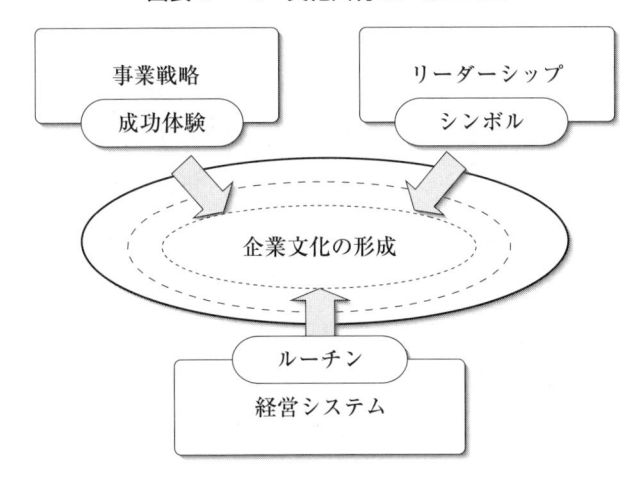

```
┌──────────────┐   ┌──────────────┐
│  事業戦略    │   │ リーダーシップ │
│  成功体験    │   │   シンボル    │
└──────┬───────┘   └──────┬───────┘
       ↓                   ↓
       ╭─────────────────────╮
       │    企業文化の形成    │
       ╰─────────────────────╯
                 ↑
         ┌──────────────┐
         │    ルーチン   │
         │  経営システム │
         └──────────────┘
```

り，組織メンバーの行動パターンは固定化していく．

　企業が創業期から事業戦略の成功を続けながら成長期に入ると，経営管理者のリーダーシップに加えて，経営システムがパラダイム，価値観，行動パターンといった企業の文化的要素の共有化を促進するメカニズムとして働くのである．創業期に創造された企業文化は，成長期に文化共有のメカニズムが継続的に機能することで次第に強固なものとなっていくのである．

(2)「強い文化」の形成と業績の向上

　前項で述べたように企業が成長を続ける中で，リーダーシップと経営システムなどの文化共有のメカニズムが働き，より多くの組織メンバーが深くパラダイム，価値観，行動パターンを共有するようになっていく．

　このとき事業が大きく成長しつづけ業界をリードする優位な地位を築くような企業では，他の低業績の企業にくらべて文化共有の度合い（広さと深さ）がより強くなっていると考えられる．成功している企業には「強い文化」が形成されているという仮説である．

　これは1980年代の企業文化論の中心的な考え方である．当時ベストセラー

となったビジネス書によって「強い文化」が高業績を生むということが主張され，実務界と学会で大きな注目を集めたのである．

「強い文化」が企業の成功要因とされたのはなぜであろうか．それは企業文化には企業経営にとってプラスにはたらく機能があるからである．

企業文化は，主にモチベーション（貢献意欲），判断基準（価値基準，行動基準），コミュニケーション（意思の疎通，人間関係），の3つの領域において組織メンバーに対して共通基盤を提供する機能をもっている．

たとえば，企業の存在意義や社会的使命についての考え方が組織メンバーの価値観としてしっかり共有されていれば，組織メンバーは仕事に対して意味を見出すことが容易になり，仕事のやりがいや仕事に対するやる気が高まりやすくなる．また組織メンバーが仕事を進める上で何を重視するか，どうやって仕事を進めるかということが価値観として共有されていれば，組織メンバーは上司の指示を待つことやマニュアルに頼ることをせずに，共有価値に沿って状況を自主的に判断でき，仕事を柔軟に進めることや迅速に進めることができる．

さらに価値基準や行動基準が価値観として共有されていれば，仕事上で意思を伝達するときに用件のすべてを言語化しなくても相手に理解されやすく，何か意見の対立が起きたときでも話し合いで解決しやすくなる．つまり，組織内での意思の疎通が円滑になると同時に人間関係も良好に保たれるのである．これはパラダイムも共有されていればなおさらのことである．

このように企業文化には，組織メンバーの心理的エネルギーを高め，意思決定の迅速性と自立性を高め，情報伝達能力を高める機能がある．したがって企業文化は共有度が高いほど企業経営にとってプラスに働くので，「強い文化」は高業績を生み出すと考えられるのである．

一方，こうして生み出される高い企業業績は，企業のパラダイム，価値観，行動パターンを正当化することになる．業績の向上で企業文化はより強力なものとなるのである．そして企業文化の強度が強まれば，そのプラスの機能がより強く働き業績の向上を促す．企業文化と業績の関係は，いわば「タマゴとニ

ワトリ」の関係なのである．

　しかし，企業文化と企業業績との好循環の関係は，企業の成長期の一定期間という条件つきである．企業文化は，創業期から成長期の一定期間は経営にプラスに働くが，成長末期から成熟期に入るとマイナスに働くこともあるからである．

　コッターとヘスケット（Kotter, J. P. and J. L. Heskett）は，アメリカの22の産業に属する大手企業207社の10年間の業績と企業文化の関係を調査，分析した結果，企業文化の強度と業績の相関性は低いことを立証した（Kotter and Heskett, 1992）．1980年代に支配的だった「強い文化は高業績を生む」という仮説を否定したのである．これは「強い文化」には企業経営に対してマイナスの機能（逆機能）もあるということを示している．このことについては，第4章で述べることにしよう．

(3) 企業文化の個別性と共通性

　これまでみてきたように，企業文化は，一定の年月をかけて企業の環境適応行動の中で組織メンバーが学習を積み重ねることで形成されていく．そこでおのずと個々の企業ごとに独自の文化が形成されていく．企業ごとに企業文化の特性に違いがでてくるのである．

　しかしその一方で，企業が立地する国や事業展開する業種などが共通する企業群をみた場合，それらの企業文化の特性に一定の共通性が見出されることもわかっている．

　つまり，企業文化には個別性と共通性がある．企業ごとに差異が存在するが，企業の国籍や業種など外部環境要因に影響を受けて形成されるため，類似した環境にある企業の文化特性を類型化することができるのである．

　たとえば，ディールとケネディ（Deal, T. E. and A. A. Kennedy）は，業種の違いによる「事業リスクの負担の程度」と「経営成果が現れる速度」を分析軸にすることによって文化を4つに類型化している（Deal and Kennedy, 1982）

(第1章を参照のこと).

　リスクが高く結果がすぐに出る業種では「逞しい,男っぽい文化（tough-guy, mucho culture）」,リスクが高いが結果が出るのが遅い業種では「会社を賭ける文化（bet-your-company culture）」,リスクが低く結果が出るのが速い業種では「よく働き,よく遊ぶ文化（work hard/play hard culture）」,リスクが低く結果が出るのが遅い業種では官僚主義的な「手続きの文化（process culture）」の特性をもつ.

　次にトロンペナールスとハムデン-ターナー（Trompenaars, F. and C. Hampden-Turner）の類型をみてみよう（Trompenaars and Hampden-Turner, 1998）.「ヒト志向―タスク志向」の軸と「平等―階層」の軸で次の4つに類型化している.

　ヒト志向で平等を重視する「達成志向の文化（fulfillment-oriented culture）」,ヒト志向で階層を重視する「ヒト志向の文化（person-oriented culture）」,タスク志向で平等を重視する「プロジェクト志向の文化（project-oriented culture）」,タスク志向で階層を重視する「役割志向の文化（role-oriented culture）」である.

　キャメロンとクイン（Cameron, K. S. and R. E. Quinn）は,企業文化を診断しマネジメントする実践的な立場から「競争価値フレームワーク（The Competing Values Framework）」という組織文化の理論モデルを提唱している（Cameron and Quinn, 1999）.

　これは,「柔軟性と行動の自由―安定とコントロール」「内部への焦点と統合―外部への焦点と差別化」の2次元の分析軸からなるモデルで,企業文化を次の4つに類型化している.

　柔軟性をもち,個人を配慮し,顧客に敏感でありながら内部を良好に維持することを重視する「仲間文化（clan culture）」,組織の安定とコントロールの必要性から内部を良好に維持することを重視する「ヒエラルキー文化（hierarchy culture）」,組織の安定とコントロールの必要性から市場ポジションを重視する「マーケット文化（market culture）」.高い柔軟性と強い個人志向をもちながら

市場ポジションを重視する「アドホクラシー文化（adhocracy culture）」である．

演・習・問・題

問1 自分の参加する研究会やゼミナール，サークルなど身近な集団にも文化があるかどうか，仲間へのインタビューや行動観察をすることによって，共有する価値観や行動パターンなどを分析してみよう．

問2 大企業の経営理念を調べ，その内容と現在の経営者の考え方，企業の提供する製品・サービス，企業行動などが一致しているかどうか調べてみよう．

問3 現在注目を集めている新興企業の企業文化の特徴は何か，公開されている経営理念や経営者インタビューなどを調べて大企業との違いを比較分析してみよう．

参考文献

Cameron, K. S. and R. E. Quinn (1999) *Diagnosing and changing organizational culture : based on the competing values framework*, Addison-Wesly Publishing Company, Inc.

Deal, T. E. and A. A. Kennedy (1982) *Corporate Cultures : the rites and rituals of corporate life*, Addison-Wesley Publishing Company, Inc.（城山三郎訳『シンボリック・マネジャー』新潮社，1983年）

Hofstede, G. (1991) *Cultures and Organizations*, McGraw-Hill International (UK) Limited.（岩井紀子・岩井八郎訳『多文化世界』有斐閣，1995年）

Kotter, J. P. and J. L. Heskett (1992) *Corporate Culture and Performance*, The Free Press.（梅津祐良訳『企業文化が高業績を生む』ダイヤモンド社，1994年）

Peters, T. J. and R. H. Waterman (1982) *In Search of Excellence*, Haper & Row, Publishers, Inc.（大前研一訳『エクセレントカンパニー：優良企業の条件』講談社，1983年）

Schein, E. H. (1985) *Organizational culture and leadership*, Jossey-Bass Inc., Publishers.（清水紀彦・浜田幸雄訳『組織文化とリーダーシップ』ダイヤモンド社，1989年）

Schein, E. H. (1992) *Organizational culture and leadership*, 2nd ed., Jossey-Bass Inc., Publishers.

Schein, E. H. (1999) *The Corporate Culture Survival Guide*, Jossey-Bass Inc., Publishers.（金井壽宏監訳『企業文化―生き残りの指針』白桃書房，2004年）

Trompenaars, F. and C. Hampden-Turner (1998) *Riding the Wave of Culture : Understanding Diversity in Global Business*, 2nd. ed., McGraw-Hill.

大野和巳（1997）「企業文化と企業業績の関連性に関する基礎的考察」『経営哲学論集』第13号，経営哲学学会

梅澤正（1990）『企業文化の革新と創造』有斐閣

── 《推薦図書》──

1. Schein, E. H. (1985) *Organizational culture and leadership*, Jossey-Bass Inc., Publishers.（清水紀彦・浜田幸雄訳『組織文化とリーダーシップ』ダイヤモンド社，1989年）

    組織心理学の成果を取り入れながらリーダーシップによる文化の創造，変革，管理を論じ学界・実業界の双方で高い評価を得た組織文化論の古典的名著．

2. Schein, E. H. (1999) *The Corporate Culture Survival Guide*, Jossey-Bass Inc., Publishers.（金井壽宏監訳『企業文化―生き残りの指針』白桃書房，2004年）

    組織文化研究の第一人者が20数年のコンサルティングと研究の成果を集大成し，実務家にも役立つように実践的かつ簡潔にまとめた専門書．

3. Kotter, J. P. and J. L. Heskett (1992) *Corporate Culture and Performance*, The Free Press.（梅津祐良訳『企業文化が高業績を生む』ダイヤモンド社，1994年）

    207社を対象とした綿密な統計分析と充実した事例研究により，企業文化と企業の長期的業績との相関関係を論じた代表的な実証研究の専門書．

第4章の要約

　第3章では，主に企業の創業期において企業文化がいかにして創造され，成長初期において企業文化がどのようにして形成されていくのかを説明した．創業期において創業経営者が企業文化を創造し，事業が成功を続ける成長期に企業文化は強力なものとして形成されていく．このとき高業績と「強い文化」は好循環の関係になり，両者がいわばシナジー（相乗効果）を発揮するのである．しかし，企業文化と業績との好循環の関係は，企業の成長期の一定期間に止まることが多いようだ．「エクセレント・カンパニー」（超優良企業）といわれるような数十年にわたって高業績を維持する企業は限られるからである．

　企業文化が企業の創業期から成長期において，経営にプラスに働いていても，成長期から成熟期のある時点から経営にマイナスに働くようになってしまう．第4章では，企業の成長期から成熟期にかけて企業文化の機能が企業経営にとってマイナス要因に変容するのはなぜか，そのように変容した場合，その企業文化をどのような方法によって変革したらよいのかという点を中心に論じていこう．

第4章　企業文化の変容と変革

1. 企業文化の変容

(1)「強い文化」がマイナスに機能するメカニズム

1980年代，ピーターズとウォーターマン（Peters, T. J. and R. H. Waterman）の『エクセレント・カンパニー』(1982) やディールとケネディ（Deal, T. E. and A. A. Kennedy）の『シンボリックマネジャー』(1982) がベストセラーになったことによって，実務界や学会で「強い文化は高業績を生む」という考え方が支配的になった．

しかし，コッターとヘスケット（Kotter, J. P. and J. L. Heskett, 1992）の実証研究において，アメリカの22の産業に属する大手企業207社の10年間の業績と企業文化の関係を調査，分析した結果，企業文化の強度と業績の相関性は低いことが立証された．これは「強い文化」が形成されていれば，それが常に企業経営に対してプラスに働くのではなく，マイナスに働く場合もあるということを示している．

前節で述べたように，創業期から事業戦略の成功が続いている成長企業においては，企業文化と業績の関係は好循環の関係になる．企業が経営環境に適応し業績を向上させる過程において，組織メンバーがパラダイム，価値観，行動パターンを深く共有するようになっていく．こうして形成された企業文化は，前章で説明したように組織メンバーの一体感やモチベーションの向上，意思決定基準の提供，コミュニケーションの円滑化など，企業経営にプラスの機能として働くのである．

しかし，経営環境の変化が激しい状況に直面している企業においては，これらのプラス機能はマイナス機能として作用することが往々にしてあるのである．企業に「強い文化」が形成されているということは，組織メンバーのものの見方や考え方が同質化しており，自分たちの仕事のやり方や事業に対する考え方，企業のビジョンや経営戦略を強く信奉しているということである．プラスに機

能したはずの企業文化の意思決定基準としての機能が，経営管理者や一般社員の認識や思考を一定の枠の中に囲い込んでしまい，客観的で多様な認識や思考を妨げてしまうというマイナスの働きをしてしまうのである．

また過去の事業戦略の成功体験の繰り返しによって企業文化は形成されていくので，組織メンバーは自分たちの共有パラダイム，共有価値，共通の行動パターンが信念といえるほど正しいものと深く信じ込んでいるのである．

このような認識や思考の同質化，自己の正当化が組織メンバーに深く浸透していれば，現実に起きている環境変化を認識できない，環境変化に適応するための新戦略の創造が行われない，環境変化に適応するための新戦略が策定されても組織メンバーが拒絶反応を示し，新戦略が狙いどおりに実行されないというようなことが起きる．

たとえば，自社が事業展開している産業あるいは市場において，技術革新や顧客ニーズの大きな変化が発生したとしても，迅速な製品開発と新製品の市場への投入が必要になるが，それらの対応策が実行されないことになるだろう．

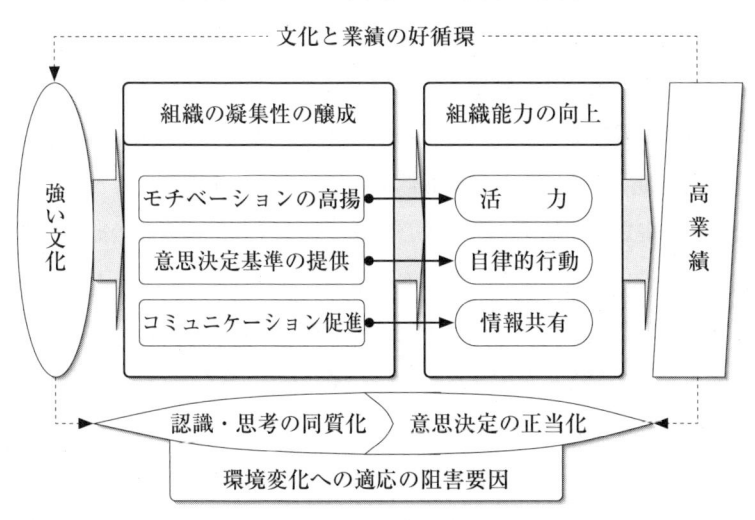

図表4－1　企業文化と企業業績の関係

自社の市場地位を維持するために販売方法や販売経路，製品価格や製造コスト面などで競合他社に対する優位性を高めなければならない状況に追いつめられても，有効な手立てが迅速に行われないなどということになるだろう．

　企業の成長期に業績と好循環の関係にあった「強い文化」でも，上で述べたようにその機能がマイナスの方向で機能することで，企業の組織メンバーが企業を取り巻く経営環境の変化を認識できないか，認識したとしても新しい思考と行動に結びつかない．「強い文化」が企業の環境適応の疎外要因となってしまう場合があるのである．

(2)「文化─戦略─環境」の適合性の問題

　これまで述べているように，創業時に事業に成功し，その後も事業の成功が続き，大きく成長を遂げた企業には「強い文化」が形成されると考えられる．

　しかし，コッターとヘスケットの研究では，市場で成功を収め強力な企業文化を形成した企業であっても，長期的な視点でみた場合，必ずしも高い業績を維持できていない企業があることが明らかにされている．

　この要因としては，前項で述べた企業文化の逆機能の問題のほかに，企業文化の内部適合と外部適合という条件適応の問題がある．その中心となる問題は，企業文化と戦略の適合性，戦略と環境の適合性である．文化と戦略が不適合な場合も，戦略と環境が不適合な場合も，それらが企業の環境適応の阻害要因となり，企業の競争力は低下し業績も低下していくのである．

　市場環境が安定的な状態にある場合には，企業文化の適合性の問題はあまり表面化しないが，市場環境が大きく変化するような状態になったとき問題となるのである．たとえば，グローバル化，技術革新，規制緩和などによる競争の激化や顧客ニーズの変化が起きたときに，適合性の問題がそれらの環境変化への適応の障害となるのである．

　まず，企業がこのような環境変化に適応するために革新的な戦略を立案した場合を考えてみよう．この新戦略が成功するためには，それが有効に実行に移

されなければならない．しかし戦略の実行部隊となる組織メンバーにとって，この新戦略の実行に必要とされる価値観や行動パターンは過去の戦略の成功体験にはないまったく新しいものとなる．したがって，たとえ新戦略が環境に合致した革新的な内容をもっていたとしても，その有効性を十分に発揮することが困難となる．そのため企業は新しい環境に適応できず業績は低下するだろう．これが企業文化と戦略が不適合を起こした場合である．

次に考えられるのが，企業文化と戦略の不適合を避けるためにその企業に形成されている企業文化に適合するような新戦略を策定し実行する場合である．この場合，過去の経営環境の中で形成された企業文化と適合する戦略が選択されているので，現在の環境と新戦略は十分に合致していない．戦略はいわば企業と環境のインターフェイス（媒介装置）であるので，戦略と環境の不適合が生じれば業績向上は実現しないだろう．

このように企業文化が「強い文化」となっていても，文化と戦略，戦略と環境，どちらか一方でもその適合性が低ければ，企業の長期的な環境適応が疎外されてしまい高業績を維持できないのである．

(3)「強い文化」から「傲慢な文化」への変容

コッターとヘスケットは，強力な企業文化を形成しているが長期的な視点でみると業績が低いアメリカ企業20社の分析を行い，それらの企業に共通にみられた「環境に適応しない文化」の特徴（文化特性）を明らかにした．

20社は，それぞれ創業以来の歴史の中で成功を収め強力な企業文化を築いている大手企業である．創業期において経営者が明確なビジョンや経営理念を示し強力なリーダーシップを発揮し，環境に適合した優れた事業戦略を展開することで，創業期から成功体験を積み重ねた．そして成長期においても，明確なビジョンをもった経営者が経営をリードし，次つぎと事業戦略を成功させることで市場において支配的な地位を獲得している．

しかし，それぞれの企業が属する業界で製品・サービス市場，労働市場，金

融市場などの経営環境に大きな変化が起こったときに，経営戦略，経営制度，組織構造，業務プロセス，経営システムの変革をするなどの企業変革を実行することができなかったのである．

それらの企業では，①経営陣が経営環境の変化を認識していないか，変化を認識してもその重要性を感じていない，②戦略革新の必要性を読み取った一部の中間管理者層が新戦略を提案しても，実際には戦略の変更のための意思決定が行われていない，③一部の中間管理者や一般社員などのグループが経営危機を感じ企業変革のためにリーダーシップを発揮した行動をとってもそれらが妨げられていた，などの事実が明らかになっている．

これは，変化を軽視する価値観が経営管理者とその組織メンバーに共有され，それを反映して組織メンバーの行動パターンも固定化しているといえるだろう．このような文化特性をもった企業文化をひと言で表せば「傲慢な文化」ということができよう．その主な内容を次に示してみよう．

・自己の権力（地位と権限）の拡大・維持を重視する．そのために自分たちを支持する組織メンバーのみを重用し，企業の主要なステークホルダーである顧客，株主，一般従業員などのニーズそのもの，あるいはその変化を重視した行動をとらない．

・自社の現状の支配的な市場地位や競争優位を過信する．そのため市場の変化がもとめる新たなビジョン，戦略，技術，製品，生産・販売方法，経営システム，ビジネスシステム，ビジネスモデルなどを創造し実践すること，すなわちイノベーションを重視した行動をとらない．

・中央集権的で官僚的な権力構造や命令系統などから維持されている既存の安定的な組織の秩序を重視する．そのために企業変革につながるような組織メンバーのリーダーシップを発揮した行動を弊害と受け止め，そうした行動を阻止したり罰したりする．

創業時から経営者や経営陣の強力なリーダーシップにより事業戦略の成功を続け，文化と業績が好循環の関係になり「強い文化」を形成してきた企業でも，

その間に企業文化の特性が「傲慢な文化」へと変容していれば，経営環境の変化に直面した場合に自社の企業文化が業績を低下させる要因となってしまうのである．企業文化の特性が当初から「傲慢な文化」の特性を内包しているのであればなおさら環境変化への適応は困難なことはいうまでもない．

　前に述べたように企業文化には認識・思考の同質化や自己正当化の機能があるので，企業に「傲慢な文化」がいったん形成されてしまうと，それを変革するのは容易なことではない．しかし，競争や環境変化が激しい市場の中で，企業が存続し成長をつづけるには，企業文化の変革は不可避の経営課題なのである．

　次節では，長期的に高業績を促す企業文化にはどのような特性が備わっているのか，企業の環境変化への適応を疎外する「傲慢な文化」へ変容してしまった企業文化を変革するための方法はなにかについて述べ，最後に21世紀の新時代に望まれ，企業の環境変化への適応を促進する「適応的な文化」を創造するマネジメントについて論じよう．

2. 企業文化の変革と創造──企業文化のダイナミクス

(1) 高業績を促進する変革志向の企業文化

　前節では，企業の成長期から成熟期にかけて「強い文化」に形成された企業文化がマイナスに機能するメカニズム，企業文化の戦略と環境との適合性の問題，そして企業文化が「傲慢な文化」へ変容することによって企業の環境適応が疎外されることを論じた．すなわち，① 企業文化の逆機能，② 企業文化の不適合，③ 企業文化の特性，の3つが企業の環境適応を疎外する文化的要因であるということを述べた．それでは，高業績を促進する企業文化とはどのような特性をもっているのであろうか．

　企業の実践的課題となるのは，上記のマイナスの文化的要因を回避し，つねに環境変化に適応し，長期的な業績の向上の実現を促進する企業文化を創造することである．

たとえば，組織メンバーが共有すべき価値観とは，環境変化を予測し，あるいはその変化を認識した時点で，迅速，果敢に既存の戦略や実践方法を革新することを重視することである．経営者は，この価値観を中間管理者から一般従業員へと，組織メンバー全体で共有し，彼らの日常の実践行動のレベルにまで浸透させることが求められるのである．つまり変化を重視する価値観と変化に対して柔軟な行動パターンが中核となる「適応的な文化」を組織メンバーに共有させるのである（大野，1997）．

　このような企業文化が形成されている企業であれば，環境変化への適応を持続させるために，ビジョン，戦略，技術，製品，生産・販売方法，組織構造，経営制度，経営システム，ビジネスシステム，ビジネスモデルなどの企業のあらゆる要素の変革を，環境変化を先取りするかたちで迅速に確実に実践することができるだろう．

　つまり長期的な業績の向上を促進する企業文化は，変化を重視する価値観と変化に対して柔軟な行動パターンが中核となる「適応的な文化」の特性をもっているといえよう．それは「変革志向の文化」あるいは「イノベーション志向の文化」とよぶこともできるだろう．

　コッターとヘスケットは長期的な業績の向上を促進する企業文化の特徴を，経営管理者の中核的な価値観（共有価値）と共通の行動パターンとして次のように説明している．

　経営管理者が重視する対象は，①顧客，株主，従業員などのステークホルダー，②有効な変革を生み出す人材や変革を進めるプロセス，③組織のあらゆる階層におけるリーダーシップ，の3つである．

　これらの共有価値を実現するために経営管理者が共通に実践する行動パターンは，①ステークホルダーのニーズと期待に応える，②ステークホルダーの利益を守るためにリスクが生じても戦略や実践方法を変革する，③中核的な価値観を共有する人材を採用，訓練，昇進させる，の3つである．

　コリンズとポラス（Collins, J. C. and J. I. Porras）によれば，設立以来50年以

上も優良企業であり続けている『ビジョナリー・カンパニー』は，基本理念を一貫して維持しつづけている一方で，あらゆる変革を実行しているという．組織メンバーに慣行として定着している行動パターンも変革するのである．このことは『ビジョナリー・カンパニー』には変化を重視するという価値観が組織メンバーに深く共有されているということである．

ピーターズとウォーターマンは，『エクセレント・カンパニー（超優良企業）』では普遍的な内容をもった基本的な価値観が共有され実践されていることを明らかにした．ここで重要な点は，『ビジョナリー・カンパニー』と同様に，基本的価値観は維持するが，顧客重視の視点で変革行動が実践されているという点である（第7章を参照のこと）．

(2) 変革型リーダーによる企業文化の変革

創業時から経営者の強力なリーダーシップによって市場において数々の成功を収め支配的な市場地位を獲得するまでに成長を遂げた大企業であっても，その成長期に形成された「強い文化」が「傲慢な文化」の特性をもっていれば，環境変化に適応することができずに業績低迷に陥ってしまう．したがって成長期から成熟期にある企業の経営課題は，企業文化の逆機能と不適合を回避し，つねに環境変化に適応し長期的な業績の向上の実現を促進する「適応的な文化」へと自社の企業文化を変革することなのである．

これまで述べたように企業文化は，企業の創業期から長い時間をかけて形成されてきたものである．組織メンバーによってしっかりと共有された価値観と行動パターンこそが過去の事業戦略の成功を支えてきたのである．それだけに企業が経営環境の変化に直面した場合に，企業のハードな構造（公式的要素）といえる経営戦略と経営システム（組織構造，経営制度，業務プロセスなどを含む）の変革はある程度可能であったとしても，企業のソフトな構造（非公式的要素）といえる企業文化の変革は容易な経営課題ではないのである．

創業者一族が経営陣に残っており経営の実権を握っていれば，なおさら現在

の企業文化の変革は困難となる．前章で述べたように，多くの場合，企業文化は創業者の強力なリーダーシップによって創造され，企業の成長期の数々の成功体験をへて形成され，「強い文化」となっているからである．

そこで企業文化の変革には，外部から招聘された経営者であれ企業の内部者であれ，企業変革を推進する能力をもった変革型リーダーが必要となるのである．

変革型リーダーとは，経営環境の変革期において組織全体にかかわる大規模な組織変革（organizational transformation）あるいはチェンジ・マネジメント（change management）を実行する役割を担う，経営者や変革チームを統率する責任者のことである．

変革型リーダーの代表的な事例は，1980年代から90年代にチェンジ・マネジメントを成功させた，GEのジャック・ウェルチ（Welch, Jr. J. F.），シティー・コープのジョン・リード（Reed, J. S.），クライスラーのリー・アイアコッカ（Iacocca, Lee），IBMのルイス・ガースナー（Gerstner, L. V.）などCEO（最高経営責任者）があげられる．日本では1999年からわずか2年あまりで日産自動車を再建したカルロス・ゴーン（Ghosn, C.）がその代表事例である．いずれも外部から招聘された実力の認められた経営者たちである．

コッター（Kotter, J. P.）によれば，こうした変革型リーダーは，①組織成員の危機意識の醸成，②変革推進チームの形成，③企業ビジョンの創造，④企業ビジョンの組織成員への伝達・共有化，⑤エンパワーメント（権限委譲）などにより自発的な行動を促す，⑥短期的成果の達成，⑦変革意欲の維持，⑧変革意識の企業文化への浸透，という8段階のプロセスで企業変革を成し遂げているという（Kotter, 1995）．

また，ティッシー（Tichy, N. M.）らの変革型リーダーシップ論によれば，①ビジョンの提示と浸透，②環境変化の認識，③実験的試行の促進，④目的の持続的追求，⑤フォロワーの育成，⑥活発なコミュニケーションと人的ネットワークの形成，などが変革型リーダーに共通のリーダーシップ行動であ

図表4-2 企業文化の変革プロセス

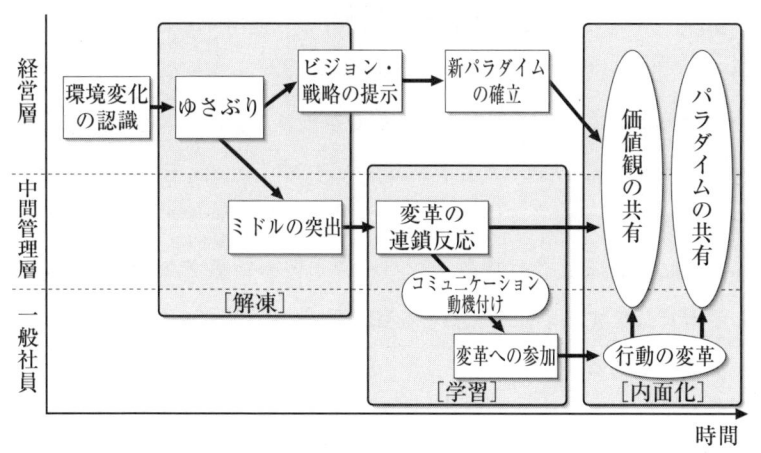

経営層／中間管理層／一般社員

環境変化の認識 → ゆさぶり → ビジョン・戦略の提示 → 新パラダイムの確立

ゆさぶり → ミドルの突出 → 変革の連鎖反応 → 価値観の共有／パラダイムの共有

コミュニケーション動機付け

変革への参加 → 行動の変革

［解凍］　［学習］　［内面化］

時間

出所）Kotter, J. P. (1995)，Tichy, N. P. ほか (1997)，Shein, E. H. (1989)，伊丹敬之・加護野忠男（2003：463）を参考に筆者作成

る（Tichy and Devanna, 1986）．

これらはビジョン，戦略，組織，制度，システムなど全社的な企業変革のプロセスのモデルであるが，同時に企業文化の変革を含むプロセスでもある．

変革型リーダーの重要な機能は，的確な環境変化の予測のもとで組織の将来の姿をビジョンとして描き，そこに至る道筋としての事業戦略を構想することである．そして新しいビジョンと戦略を組織メンバーの価値観と行動パターンのレベルに浸透させることである．

そのためにはリーダーが新しいビジョンと戦略の基盤となっている価値観を組織メンバーにわかりやすい言葉で語ること，新しい価値観を伝えるために目に見えるシンボリック（象徴的）な行動をすることによって組織メンバーの心に訴えかけることが求められるのである．

(3) 絶えざる変革と創造の企業文化マネジメント

「強い文化」であっても「傲慢な文化」の特性をもつに至った企業文化が形成されている企業の経営管理者や組織メンバーは環境変化を認識できない．そ

のため,新しい環境の中で成長を維持し高業績をあげるための新しいビジョン,戦略,組織,プロセス,システムなどを設計し,運用するという企業変革はできない.

　前項では,企業文化の変革プロセスを変革型リーダー論に依拠しながら説明したが,企業文化論の第一人者であるシャイン (Schein, E. H.) は,そのプロセスを「解凍」,「学習」,「内面化」という3段階のモデルとして示している (Schein, 1999).企業文化は組織メンバーの学習の結果であるので,組織メンバーの学習棄却をする不安や恐怖心を和らげることがチェンジ・マネジメントの第一歩なのである.

　チェンジ・マネジメントの核心は文化の変革であるが,それは望ましい文化を創造する企業文化マネジメントである.

　グローバル化や高度情報ネットワーク化など激変する現在の経営環境の中で企業が存続し成長していくためには,変化を重視する価値観と変化に対して柔軟な行動パターンを中核とする「適応的な文化」を創造しなければならないのである.

　企業家の行う不断の創造的破壊によって資本主義経済が発展してきたように,企業文化マネジメントの本質は絶えざる変革と創造なのである.

　そこで求められるのが企業文化マネジメントの担い手であるビジョナリー・リーダーである.ビジョナリー・リーダーとは,組織の実現可能な将来像としてのビジョンを創造し,それを組織の価値観として共有化し組織成員のモチベーションを高めることによって経営戦略の実行を促しビジョンの実現に向かって組織を導く指導者である.

　ナナス (Nanus, B.) は,このような指導者のリーダーシップを「ビジョナリー・リーダーシップ」とよんでいる (Nanus, 1992).ナナスによれば,ビジョンとは組織の理想的な未来に関するメンタルモデルであるという.これは事業構想にまで踏み込んだ戦略ビジョンではなく,企業の存在意義や社会的使命,進むべき方向性などを示すような経営ビジョンあるいは経営理念といえるもの

である.

　コリンズとポラスが「ビジョナリー・カンパニー」の要件として主張している「基本理念」に相当するものといえよう．それは，企業哲学ともいえるような不可欠で不変の主義である「基本的価値観」と，単なる金儲けを超えた社会における企業の根本的な存在理由を示す「目的」から構成される．

　ビジョナリー・カンパニーの創業以来一貫した基本理念には，たとえば「顧客を満足させるために最善を尽くす」「個人の自主性と成長を尊重する」「従業員に十分配慮する」「技術と革新によって生活の質を向上させる」「質の高い製品とサービスを適正な価格で顧客に提供することによって，地域社会に貢献する名誉ある役割のために存在している」などがある．

　環境変化が一層激しく不確定になっていくことが予想される21世紀の現在，企業経営者はこれまで以上にビジョナリー・リーダーの役割を果たし，絶えざる文化の変革と創造である企業文化マネジメントを実践することが求められているといえよう．

演・習・問・題

問1　変革型リーダーに相当すると思われる企業経営者を選び，どのような企業変革を行い業績を「V字回復」させたかを調べてみよう．

問2　ホームページなどで公表されている経営理念，メディアにおける経営者の発言内容を調べて，顧客対応，環境対策，不祥事への対応など実際の企業行動にそれらが反映しているか調べてみよう．

問3　バブル崩壊後も業績が低迷することなく高業績を維持している日本企業を探し，その企業の文化的特徴について考察してみよう．

参考文献

Deal, T. E. and A. A. Kennedy (1982) *Corporate Cultures : the rites and rituals of corporate life*, Addison-Wesley Publishing Company, Inc.（城山三郎訳『シンボリック・マネジャー』新潮社，1983年）

Kotter, J. P. (1995) *The New Rules : how to succeed in today's post-corporate world*, Free Press.

Kotter, J. P.（1996）*Leading Change*, Harvard Business School Press.（梅津祐良訳『企業変革力』日経BP社，2002年）

Kotter, J. P. and J. L. Heskett（1992）*Corporate Culture and Performance*, The Free Press.（梅津祐良訳『企業文化が高業績を生む』ダイヤモンド社．1994年）

Nanus, B.（1992）*Visionary Leadership : creating a compelling sense of direction for your organization*, Jossey-Bass, Inc., Publishers.（木幡昭他訳『ビジョン・リーダー──魅力ある未来像（ビジョン）の創造と実現に向かって』産能大学出版部，1994年）

Peters, T. J. and R. H. Waterman（1982）*In Search of Excellence*, Haper & Row, Publishers, Inc.（大前研一訳『エクセレントカンパニー：優良企業の条件』講談社，1983年）

Schein, E. H.（1992）*Organizational Culture and Leadership*, 2nd. ed. Jossey-Bass Inc., Publishers.

Schein, E. H.（1999）*The Corporate Culture Survival Guide*, Jossey-Bass Inc., Publishers.（金井壽宏監訳『企業文化──生き残りの指針』白桃書房，2004年）

Tichy, N. M. and M. A. Devanna（1986）*The Transformational Leader : the key to global competitiveness*, John Wiley & Sons Inc.（小林薫訳『現状変革型リーダー──変化・イノベーション・企業家精神への挑戦』ダイヤモンド社，1988年）

伊丹敬之・加護野忠男（2003）『ゼミナール経営学入門（第3版）』日本経済新聞社

大野和巳（1997）「企業文化と企業業績の関連性に関する基礎的考察」『経営哲学論集』第13号，経営哲学学会

梅澤正（1990）『企業文化の革新と創造』有斐閣

《推薦図書》

1. Tichy, N. M. and M. A. Devanna（1986）*The Transformational Leader : the key to global competitiveness*, John Wiley & Sons Inc.（小林薫訳『現状変革型リーダー──変化・イノベーション・企業家精神への挑戦』ダイヤモンド社，1988年）

　フォーチュン500社を含む大小さまざまな企業事例によって企業変革を

実現するためのリーダーシップ・プロセスを分析した専門書.
2. Kotter, J. P. (1996) *Leading Change*, Harvard Business School Press.（梅津祐良訳『企業変革力』日経BP社，2002年）
　豊富なビジネス事例を紹介しながら企業変革を推進するプロセスを8つのステップに分解して論理的に示した専門書.
3. Nanus, B. (1992) *Visionary Leadership : creating a compelling sense of direction for your organization,* Jossey-Bass, Inc., Publishers.（木幡昭他訳『ビジョン・リーダー ―魅力ある未来像（ビジョン）の創造と実現に向かって』産能大学出版部，1994年）
　企業文化変革の担い手となるトップマネジメントに求められる「ビジョナリー・リーダーシップ」について体系的に論じた専門書.
4. カルロス・ゴーン／フィリップ・リエス（2003）『カルロス・ゴーン経営を語る』日本経済新聞社
　ルノーから派遣された経営者カルロス・ゴーンが日産自動車の企業文化をどのように変革したかについてインタビューによって明らかにしたビジネス書.

第Ⅲ部
経営理念と行動規範

- 第Ⅰ部 企業文化
- 第Ⅱ部 組織ライフサイクルと企業文化
- 第Ⅲ部 経営理念と行動規範
  - 第5章 企業文化の理念的側面
  - 第6章 経営理念,行動規範の変遷
  - 第7章 ビジョナリー・カンパニー
  - 第8章 コーポレート・アイデンティティ
- 第Ⅳ部 グローバル企業文化
- 第Ⅴ部 企業文化の倫理性・社会性

企業文化
コーポレートカルチャー

第5章の要約

　経営理念や行動規範は，創業者や経営者の知識と経験に基づいて形成され，組織内外に示される．方針や戦略の源流となるだけではなく，日々の業務に指針と基準を与えてくれる．メンバーの思考や行動，制度や儀式，製品・サービス，広告・宣伝などさまざまな活動に反映される．もちろん，メンバーの価値や信念といった文化が必ずしもリーダーが示す理念や規範と一致するとは限らない．しかし，多かれ少なかれ，理念や規範は組織の隅々まで影響をおよぼすのである．

　本章では，経営理念や行動規範の定義や分類，類似概念（経営方針，経営戦略，企業文化）との区別を明確にしていく．さらに，経営理念や行動規範の機能についても言及する．

　理念や規範は，業種業界によって，成立時期によって，事業展開によって違いが生じ，バラエティに富んだ，とらえどころがないものである．理念や規範を議論する上で，できるだけケースをあげたつもりである．読者におかれては，ここでの議論を参考に，ぜひとも身近な組織の理念や規範に触れて，文化の研究の一助にして欲しい．

第5章 企業文化の理念的側面

1. 企業文化の理念的側面が注目される背景

　企業文化の理念的側面が経営を語る文脈の中で取り沙汰されることが多くなった背景には，情報が瞬時にそして広範に伝達され，情報が氾濫する中で人びとの倫理や価値が多様になってきたことがあげられよう．グローバル戦略をとる企業にとっては，さらに多種多様な思考・行動様式と接することとなるだろう．

　豊かな時代になるにつれて，たとえば，他人とは違った服を身に付けたいといったような要求に応じて，どれだけ他と違う製品・サービスを提供できるかが，勝敗を分けることとなる．技術が進歩し，製品・サービスの機能について違いがあまりなくなってくると，デザイン，広告・宣伝，アフターサービスなど機能ではないところでの勝負となってくる．

　アフターサービスで消費者と接する末端の従業員の態度や言動の特徴はどこから生まれるのであろうか．製品・サービスのデザインの奥にあり，製品・サービスに意味を与えるコンセプトはどこから生まれるのであろうか．いろいろなメディアを通じて展開される広告・宣伝によって形成されるイメージや好感度はどこから生まれるのであろうか．これらはすべて消費者の製品・サービスの選択に大きな影響を与えるのである．

　消費者だけではない．企業で働く従業員もまた昔の従業員と違う．会社のどこに魅力を感じるのかも千差万別であろうし，そもそも会社に忠誠を尽くす者だけとは限らない時代である．なぜ働くのかと尋ねれば十人十色の答えが返って来るであろう．さまざまな倫理や価値を有する従業員を束ね，企業の目的を達成すべく一丸となって活動させるためには，方針やルールをはっきりさせなくてはならないであろう．文化が異なる国ぐにをまたにかけるグローバル戦略をとる企業ではなおさらである．

　マーケティングや経営管理だけではなく，経営倫理においても企業文化の理

念的側面がクローズ・アップされる．企業文化の理念的側面は，同時に倫理的側面でもある．ステークホルダーとの不適切な関係が問題になるなど，あまりにも不祥事が多発し，法令遵守（コンプライアンス）や危機管理，企業倫理が求められるようになった．トップがいくら声高に法令遵守などを叫んでも，末端まで浸透せず，次から次へとトラブルが生じるようでは企業の存続も危ぶまれてしまう（第12章を参照のこと）．

　従業員の態度や言動，製品・サービスのコンセプト，消費者が抱く企業のイメージや好感度，従業員をまとめる方針やルール，法令遵守や危機管理，企業倫理の浸透は，すべて経営理念や行動規範といった企業文化の理念的側面へと収斂されていく．経営理念や行動規範は，社長室の壁にガラスに入って飾られているだけではなく，職場での訓話や社内報で取り上げられたり，あるいは神話として語り継がれ，企業の隅々まで浸透していく．さらに，ホームページに掲載されたり，マスメディアに取り上げられることで，広告・宣伝の材料として，あるいはステークホルダーへの情報として，積極的に公開されるのである．

2. 経営理念・行動規範の内容と類型

(1) 経営理念・行動規範の定義

　経営理念・行動規範は，社是・社訓などよばれることが多かった．社是とは，経営姿勢を簡潔に述べたものである．たとえば，キューピーの社是は，「楽業偕悦」である．楽業偕悦とは，業を楽しみ喜びを共にすることである．社訓とは，商家の家訓や家憲の流れをくみ，従業員に対する心構えを説くものである．たとえば，ヤマト運輸の社訓は，「ヤマトは我なり．運送行為は委託者の意思の延長と知るべし．思想を堅実に礼節を重んずべし」というものである．

　経営理念・行動規範は，経営者の思想，哲学，信条から生まれ，企業の使命や将来の方向を示し，指導原理や活動指針となるものである「産業人タルノ本分ニ徹シ，社会生活ノ改善ト向上ヲ図リ，世界文化ノ進展ニ寄与センコトヲ期ス」という綱領，「向上発展ハ各員ノ和親協力ヲ得ルニ非ザレバ得難シ　各員

至誠ヲ旨トシ一致団結社務ニ服スルコト」という信念の根幹をなすのは，創業者である松下幸之助の有名な水道哲学である．松下幸之助は，産業人の使命を貧乏の克服とし，蛇口をひねれば誰でも水を飲めるように，生活に必要なものも豊富に，しかも廉価で提供することで世の中から貧しさをなくそうとしたのである．

　松下電器産業のように創業者の思想，哲学，信条を代々経営者が受け継いで経営理念・行動規範としているケースはよくみられる．経営者が代々受け継ぎながらも，時代の要請に応じて，経営理念・行動規範の内容や表現に修正を加えることもある．なぜならば経営理念は，経営者個人のものではなく，従業員に十分に理解され，行動に反映され，さらにはステークホルダーに共感をよぶものでなくてはならないからである．かといって，経営理念・行動規範がころころ変わってしまっては，原理や指針とよべなくなってしまい，また信頼も失われかねない．究極的に経営理念・行動規範は時代を超越したものでなくてはならない．

　したがって，経営理念・行動規範の中身は，社会における企業の役割や企業の進むべき方向を示す抽象的なものとなる．ユニクロというブランドで有名なファーストリテイリングは，経営理念をミッション＆ビジョンとよんでいる．

　「いつでも，どこでも，だれでも着られる，ファッション性のある高品質なベイシックカジュアルを市場最低価格で継続的に提供する．

　そのためにローコスト経営に徹して，最短，最安で生産と販売を直結させる．自社に要望される顧客サービスを考え抜き，最高の顧客サービスを実現させる．世界水準の人が喜んで働ける環境を提供し，官僚的でなく，血のかよったチームとして革新的な仕事をする．結果として売上と収益の高い成長を目指し，世界的なカジュアル企業になる．」

　ファーストリテイリングのミッション＆ビジョンには，社会における企業の役割や企業の進むべき方向だけではなく，経営者の指導原理や活動指針あるいは従業員が遵守すべき行動規範も組み込まれている．

(2) 経営理念・行動規範の分類

　経営理念・行動規範はさまざまな要素を包含しているが，どの部分を前面に押し出すかによって，① 自戒型，② 規範型，③ 方針型に分類される（鳥羽・浅野，1984）．

　① 自戒型

　経営者あるいは自分自身や後継者に対する姿勢や行動を拘束するような自戒を示す経営理念・行動規範である．たとえば，清水建設の経営理念は以下のとおりである．

　「地球社会への貢献（環境保全活動，文化活動等の活動のみならず，環境とバランスのとれた社会的，文化的に価値のある優れた品質の建造物・施設をグローバルに建設する），人間尊重（従業員が快適で意欲をもって働けるような環境を作りだす），革新志向（役員，従業員全員が常に革新的姿勢で業務にあたり，事業展開，営業活動，研究・開発，業務・経営革新に取り組むことにより，絶えず企業として成長・発展を図っていく），顧客第一（つねに顧客の立場に立って考え行動し，顧客に役立つことにより当社も適正な利潤を頂くことを基本とする），情熱（何事にも情熱をもって取り組む）」

　② 規範型

　従業員が心掛け，遵守すべき規範や指針を述べた経営理念・行動規範である．標語として掲示されたり，朝礼で唱和されたり，媒体に掲載されたりする．「楽業偕悦」を社是とするキユーピーには，「道義を重んずる事，創意工夫に努める事，世の中は存外公平であるという事，親を大切にしなければならぬという事」という社訓がある．

　③ 方針型

　対内的だけではなく対外的に社会の中で果たす役割や将来の方針を述べた経営理念・行動規範である．経営方針や経営戦略へとつながる内容である．ツムラの経営理念は，「私たちは漢方を原点に『自然と健康を科学する』総合健康産業をめざします」であり，富士フィルムの経営理念は，「より優れた技術に

挑戦し『映像と情報の文化』を創造し続けます」である．

(3) 経営理念と行動規範の区別

奥村慎一によれば，経営理念・行動規範には階層性と領域性があるという（奥村，1994）．さまざまな用語が使われているものの，おおよそ経営理念・行動規範は，ミッション→ビジョン→コードという順番で階層が作られている（階層性）．まず抽象的な会社の使命存在意義が述べられ（ミッション），次にミッションを具体化する将来の構想や進むべき方向が示され（ビジョン），ビジョンに到達するために，より具体的な従業員が心掛け，遵守すべき指針や規範（コード）が設けられる．また，経営理念・行動規範とは別に，環境理念や品質理念などが領域別に設けられているケースもある（領域性）．セイコーエプソンの領域別理念は，以下のとおりである．

経営理念「お客様を大切に，地球を友に，個性を尊重し，統合力を発揮して世界の人々に信頼され，社会とともに発展する開かれた会社でありたい．そして社員が自信を持ち，常に創造し挑戦していることを誇りとしたい．」

品質理念「常にお客様の視点で商品／サービスの品質を最優先に考え，世界中の社員一人ひとりが仕事に取り組む心の質から会社の質に至るまで品質第一に徹し，お客様に喜ばれ信頼される商品／サービスを創りつづけたい．」

環境理念「セイコーエプソングループは企業活動と地球環境との調和をめざし，高い目標の環境保全に積極的に取り組み，良き企業市民としての社会的責任を果たしていきます．」

社会貢献理念「セイコーエプソングループは，良き企業市民として社会と共生できる企業を目指し，グループ社員も地域社会の一市民として，社会から共感を得られるさまざまな支援活動を通して，よりよい社会の創造に努めます．」

さて，いままで経営理念と行動規範をあまり分けて来なかった．家訓や家憲の流れをくみ，行動規範（行動指針，行動基準とよばれることもある）が経営理念として掲げられているケースもよく目にする．キヤノンは，三自の精神，

すなわち自発（何事にも自ら進んで積極的に行うこと）・自治（自分自身を管理すること）・自覚（自分が置かれている立場・役割・状況をよく認識することを）を行動規範として創業以来大切にしている（キヤノンの経営理念については，第10章を参照のこと）．

ところが，さまざまな企業不祥事を受けて法令遵守（コンプライアンス）やステークホルダーとの健全な関係が企業に求められるようになるにつれ，行動規範も内部統合型のものよりも，外部適応型のものが多くみられるようになってきた．経営理念を具現化するものとして行動規範が制定されるのではあるが，内部統合型から外部適応型へと行動規範が移行するにつれて，経営理念と行動規範は一線を画するようになったといえる．

3. 経営理念と類似概念との関係

ここで，類似概念との整理をしておきたい．経営理念と経営方針，経営戦略，企業文化の違いについて検討しよう．ちなみに，経営者（創業者）の思想，哲学，信条が代々受け継がれて，経営理念や行動規範の原点となっていることは想像に難くない．ただ，創業者の思想，哲学，信条が経営理念や行動規範と別個に語られるケースもみられるようなった．創業者なのか，オーナー経営者なのか，専門経営者なのかなどによっても，異なるであろう．

ソニーの井深大が起草した設立趣意書のある「真面目ナル技術者ノ技能ヲ，最高度ニ発揮セシムベキ自由豁達ニシテ愉快ナル理想工場ノ建設」は現在でも色褪せず，精神はソニーに脈々と流れていることは容易に理解されよう．

また，経営理念は，経営目標とともに企業が目指す到達状態である経営目的である（森本，1995）．経営理念が価値的で抽象的なものであるのに対して，経営目標は事実的で具体的である．経営理念は追求すべき価値であるのに対して，売上高や利益率などで示される経営目標は到達すべき数値である．価値の追求に終わりがないのに対して，数値はいつかは達成され，書き換えられる．

(1) 経営方針との違い

　経営方針は，取締役会で決められるにせよ，経営者が決めるにせよ，経営理念とは異なるものである．もちろん，経営理念の中にも，将来の構想や方向を示したものもある．ファーストリテイリングの経営理念もミッション＆ビジョンであった．

　経営理念と経営方針が異なるのは，経営理念が永続的・抽象的・観念的であるのに対して，経営方針が限定的・具体的・現実的であるからである．われわれの議論に大きな示唆を与えてくれるのは，戦略経営協会による経営理念とビジョンの違いである．ここでのビジョンとは，「ある特定の未来時空間への経営理念の投影像」である（同時に経営理念をビジョンに投影する方法をとらない企業もあるとも指摘されている）．創業者や経営者の経営観や事業観などから構成されるのに対して，ビジョンは経営理念が投影され，映し出された戦略像や組織像などから構成されるのである．

　経営方針は経営理念に近い大雑把な活動指針や指導理念を示したものもあれば，ビジョンのように経営理念を投影したもの，数値が明確に記述されむしろ経営目標に近いものもある．いずれにせよ経営方針は，経営理念と違って経営環境や経営資源の変化に合わせて策定し直さなければならない類のものである．

(2) 経営戦略との違い

　経営戦略は，経営環境の変化を予測し，経営資源の強み・弱みを分析して，将来に向けてどのような事業領域を構築するかを決め，経営資源をいかに展開するかを決めること（成長戦略），さらに限られた経営試験の中で競争相手に対してどうやって優位を築くか（競争戦略）といった問題を扱う．

　経営戦略においてまずなされるのは事業領域の定義である．経営理念と事業領域の関係について検討しよう．事業領域はドメインともよばれ，ドメインを定義することは「われわれの事業とは何か」を決めることである．事業領域が明確になれば，経営資源を集中する・活用する・獲得する路線が決まってくる．

第5章　企業文化の理念的側面

　事業領域の定義に関して，マーケティング近視眼という言葉がある．事業領域を「鉄道事業」といった物理的定義にしてしまうと，鉄道から頭が離れず，鉄道以外の輸送機関に目が移らなくなってしまう．したがって，存続・発展のために，事業領域を「輸送事業」といった機能的定義にするべきというのが，マーケティング近視眼である．しかし，機能的定義はしばしば抽象的になってしまい，経営資源を展開する路線が何本もできてしまい，分散してしまうこともある．機能的定義はつまるところ，社会的使命や存在意義に近づいてくる．経営理念やビジョンと事業領域は密接な関係にあることが理解できよう．

　前述した「私たちは漢方を原点に『自然と健康を科学する』総合健康産業をめざします」というツムラの経営理念が好例であろう．日本電気の経営理念は，「NECはC&Cをとおして，世界の人々が相互に理解を深め，人間性を十分に発揮する豊かな社会の実現に貢献します」というものであるが，C&Cは，コンピュータ・アンド・コミュニケーションを意味する事業領域の物理的定義であり，経営理念に事業領域がビルトインされている．

　経営方針と同様に，経営戦略も経営環境や経営資源が変化すれば，柔軟に経営戦略を転換しなければならない．ここで留意したいのは，経営戦略策定における予測や分析が困難になればなるほど，事実より価値に頼らざるを得なくなり，経営理念が経営戦略に与える影響は大きくなるということである．

(3) 企業文化との違い

　経営理念は企業文化の構成要素であり，しかも中核的（上位文化）なものである．しかし，経営理念は企業文化そのものではない．経営理念は，内面化され，制度化され，具象化される（梅澤，2003）．

　すなわち，経営理念は，従業員の思考や行動の様式として内面化され，さまざまな施策や制度として制度化され，製品・サービスとして具現化されることで，企業文化となる．内面化，制度化，具象化がバラバラになってしまうと経営理念が企業文化として浸透することがむずかしくなる．

ただ，経営理念は公式的なものであり，拘束力をもっているため，従業員はタテマエでは経営理念に同意していたとしても，本音では同意しているかどうかは定かではない．経営者や管理者の発言や行動，社内報や社内行事，教育・研修や報酬制度，神話や武勇伝，成功体験を通じて，従業員が本音で同意するようになってこそ経営理念は内面化された，といえよう．また，製品・サービス，広告・宣伝，新聞や雑誌の記事などを通じて，ステークホルダーのイメージや好感度に反映されるが，ステークホルダーと接触する従業員はステークホルダーの反応によって，経営理念を内面化することもあるだろう．

　しかし，「上下関係にとらわれずどんどん意見をいいあおう」という経営理念に従業員がタテマエでは同意していても本音で同意していないと，やはり上司に逆らってはいけないと考えるようになり，会議で否定的な意見をいわず，うなずくばかりになってしまう．こうした本音が次第に広がり，支配的になってくると，対抗文化（カウンター・カルチャー）が生まれる．

　経営理念にそぐわない対抗文化であっても企業文化の下位文化である．経営戦略を実行する上で欠かせないのが企業文化だとするならば，経営理念は経営戦略と企業文化の双方に影響を与えるものであるので，重要である．対抗文化がいくつか存在すると，経営戦略の実行はおぼつかないであろう．デービス（Davis, S. M.）は企業文化を指導理念と日常理念に分け，両者と経営戦略の関係を明らかにしている（Davis, 邦訳, 1985）．

　指導理念とは経営理念のことであり，何をすべきかを示す普遍性をもった戒律であるという．対して，日常理念とはどのようにして行うかを示す日々の行動に関する規則であり，感情をともなう本音の部分であり，刻一刻と変化するものである．指導理念は戦略の決定に関わるのに対し，日常理念は経営戦略の実行の鍵となる．健全な文化，すなわち指導理念と日常理念が合致していれば，おのずと経営戦略は計画どおりに実行されるのである．

　デービスの指摘は，逆の見方をすれば，企業文化のタテマエと本音の部分が食い違い，企業文化の問題によって経営戦略に支障がきたされていることを物

語っている．

4. 経営理念の機能

　経営理念は追求されるべき価値である．経営者や管理者がさまざまな決定をする場面で必ず参照される．決定が正しいか，あるいは行動が正しいかを判断する拠り所が経営理念である．経営方針，経営戦略，企業文化に影響を与える，いわば源流としての経営理念はどのような機能があるのか整理したい．

(1) 認識枠組み

　経営理念は創業者の思想，哲学，信念が出発点であったとしても，成功と失敗を繰り返しながら環境の変化に適応してきたノウハウが刻み込まれているものである．経営理念は，環境あるいは環境の変化をどのようにして察知して，環境がもたらす機会と脅威を識別し，どのように対処すべきか，一致して何にあたるかなどを経営者や従業員に教えてくれる．環境の変化がもたらす些細なシグナルを認識できなければ，いくら素晴らしい組織であったとしても，変化がいちじるしい今日生き残っていけないだろう．いわば，環境の変化に対する認識枠組みを経営理念は提供してくれる．

　ベネッセコーポレーションは，福武書店から社名を経営理念である「ベネッセ」に変更した．ベネッセとは「よく生きること」であり，ベネッセコーポレーションは，「自分らしく充実した生き方を探し，『よく生きる』を実現していくことを一緒に考え，お手伝いすること」を願いとしている．

　ベネッセという願いには，経済中心から人間中心の時代になるという仮説が込められている．教育・語学・生活・介護を事業領域とするベネッセコーポレーションに模擬試験大手の福武書店のイメージはない．ベネッセコーポレーションの変身の種は経営理念の中にある．

(2) 意思決定の材料

　経営者や従業員が意思決定をするにあたり，判断材料とするのが意思決定前提であり，意思決定前提には価値前提と事実前提がある（Simon, H. A., 邦訳, 1965）．価値前提は「～すべきだ」という価値基準を示す判断材料であり，事実前提は「～すると…になる」という因果関係を示す判断材料である．事実前提は科学的にあるいは経験的に確かめられるが，価値前提は確かめられない．

　価値前提なき意思決定は，目的のために手段を選ばない意思決定となる恐れがある．経営理念は，究極的に意思決定の連鎖（目的―手段）の頂点にある目的であるとともに，意思決定の判断材料となる価値前提を提供するのである．

　ソニーの設立趣意書に掲げられた経営方針のひとつに，「極力製品ノ選択ニ努メ技術上ノ困難ハ寧口之ヲ歓迎，量ノ多少ニ関セズ最モ社会的ニ利用度ノ高イ高級技術製品ヲ対象トス．又単ニ電気，機械等ノ形式的分類ハサケ，其ノ両者ヲ統合セルガ如キ他社ノ追随ヲ絶対許サザル境地ニ独自ナル製品化ヲ行フ」とある（ソニーホームページより）．盛田昭夫によれば，ソニー・スピリットとは，「冒頭で，『ソニーは開拓者』と宣言し，他に追随することはしないという決意を述べた．つづいて，『いつも未知の世界に向かって開かれ』とし，そうすることで『はつらつとした息吹きに満たされている』となっている」という（盛田・下村・ラインゴールド，1987：165）．

　ソニー・スピリットが従業員に深く浸透し，従業員の意思決定に大きな影響を与えていることは，明らかであろう．

(3) モチベーション

　いくら正しい意思決定をしようとも，動機づけされなければ行動へと結びつかない．意思決定はあくまで決定であり，頭の中のものである．勉強をしよう（しなくては）と決定したところで，なんらかの理由で勉強する意欲がなくなってしまえば，勉強をするという行動には結びつかない．すなわち，決定どおりに行動するためにはやる気が必要であり，動機づけされなければならない

のである．

　動機づけをするためには，管理者は従業員に報酬をはじめとするさまざまな刺激を与えなければならない．なぜ勤めるのかという問いにはさまざまな回答があるだろうが，夢や情熱と関わるものもある．従業員の夢や情熱に共鳴するような刺激のひとつが経営理念であろう．創業者による思想，哲学，信念から生まれた言葉の一つひとつは，創業にあたり，投資家をして資金を拠出させるのに十分な説得力があったであろうし，創業を支えた従業員の夢と情熱をかきたて，勇気を奮い立たせたであろう．こうした創業者の思想，哲学，信念をベースに，経営者が熱く語る使命感や経営観に従業員が共感し，モチベーションを高めることも十分考えられる．動機づけに成功すれば，会社への忠誠心や一体感も高まる．

(4) 経営倫理

　すでに述べたように，法令遵守を徹底させる意味で，経営理念とは別に，行動規範を定める企業が増えている．「何をすべきか」だけではなく，「何をしてはならないか」という価値前提も必要である．「何をしてはならないか」を積極的に打ち出す意義は大きい．もちろん，行動規範を定めることで，従業員は自身の決定や行動が正しいか正しくないか判断できる．全体でいえば，行動規範を内部だけではなく，外部にも示すことで，ステークホルダーとの良好な関係を築く一助となる．さらに，法令遵守だけでなく，経営倫理に真剣に取り組む姿勢は，企業評価を高めることにもなる．

　たとえば，ソニーグループの行動規範には，個人情報保護法や雇用機会均等法，独占禁止法などへ法令遵守の姿勢が示されるとともに，贈答や接待の禁止，機密情報の漏洩，知的財産権の尊重，社内通報者の保護といった経営倫理への取り組みにも触れられている．こうした行動規範のさきがけとなったのが，IBMのビジネス・コンダクト・ガイドラインである．

(5) イメージ

　もともと経営理念は内部者のためだけではなく，外部者に対しても機能する．投資をするかどうか，契約をするかどうか，あるいは製品・サービスを購入するかどうか，直接的・間接的に経営理念は参照される．なかでも，製品・サービスの選択において消費者の企業に対して抱くイメージや好感度の影響はますます大きくなるばかりである．

　イメージや好感度というと，実体的というよりは仮想的なものとして考えられることが多いが，そうではない．イメージや好感度は，コマーシャルなど広告・宣伝だけではなく，さまざまな媒体に登場する経営者の言動，消費者と接する従業員の態度，あるいはトラブル発生時の危機管理姿勢など，複数の要素が絡み合って消費者に形成される．したがって，これら複数の要素が整合されていない場合，イメージが拡散してしまい，好感度も思った以上に上がらない．

　以上，経営理念の機能について検討してきたが，経営理念が企業文化として隅々まで浸透していなければ，効果は期待できない．経営理念がガラスケースに入って壁に飾られるだけになってしまえば，意思決定の礎になることも，動機づけの刺激になることも，暴走のブレーキになることもない．

　もともと経営理念は抽象的なものである．なかには，あいまいなもの，矛盾があるもの，時代に取り残されたものもある．短期的ではなく長期的にではあるが，経営理念も変化に応じて解釈も変わり，構成も変わり，表現も変わらなければならない．それ以前に，経営理念を内部者あるいは外部者に正しく理解させる不断の努力が必要なのである．

演・習・問・題

問1　身近な組織の経営理念や行動規範をホームページで参照してみよう．
問2　経営理念や行動規範があるかないかで，何が違ってくるだろうか．
問3　あなたなら（起業した場合）社是・社訓をどのようなものに決めるだろうか．

参考文献

本章でケースとしてあげた経営理念や行動規範は，ホームページに掲載されているものを参照している．

Davis, S. M. (1984) *Managing Corporate Culture*, Harper & Row.（河野豊弘・浜田幸雄訳『企業文化の変革』ダイヤモンド社，1985年）

Simon, H. A. (1945) *Administrative Behavior*, The Free Press.（松田武彦・高柳暁・二村敏子訳『経営行動』ダイヤモンド社，1965年）

盛田昭夫・下村満子・E. ラインゴールド（1987）『MADE IN JAPAN わが体験的国際戦略』朝日新聞社

森本三男（1995）『経営学入門』三訂版，同文舘

奥村慎一（1994）『現代企業を動かす経営理念』有斐閣

鳥羽欣一郎・浅野俊光（1984）「戦後日本の経営理念とその変化―経営理念調査を手がかりとして」『組織科学』vol. 18, No. 2

梅澤正（2003）『組織文化　経営文化　企業文化』同文舘

《推薦図書》

1. 奥村慎一（1994）『現代企業を動かす経営理念』有斐閣
   経営理念に関するさまざまな議論が整理され，まとめられた著作．
2. 水谷内徹也（1992）『日本企業の経営理念―社会貢献志向の経営ビジョン』
   理念と戦略の関係をはじめ，類似する概念との違いが浮き彫りにされ，よくわかる．
3. 戦略経営協会（1991）『経営理念・ビジョンハンドブック』ダイヤモンド社
   分析する枠組みがはっきりしている．ケースも大変豊富である．
4. ソニー広報部（2001）『ソニー自叙伝』ワック
   ソニーの沿革が手に取るようにわかる．創業者のこころが蘇ってくる．

第6章の要約

　刻一刻と変わる環境に対応するため，経営戦略などさまざまな要素が変更を余儀なくされる中で，経営理念や行動規範はもっとも変わらない要素のひとつであろう．経営理念や行動規範は創業者の思想，哲学，信念をベースにしながらも，経営者が時代の要請に応じて内容や表現に手を加えて，今日に至っている．

　人びとが企業に求めるものが時代によって異なるため，理念や規範も時代によって内容や表現が変わる．しかし，時代を超え，空間を越え，なお生き続ける理念や規範もあることは確かだ．何を変え，何を変えないかの取捨選択の中に，アイデンティティが垣間みられる．

　ホームページに創業者および創業物語が掲載されていることも少なくない．創業者の思想，哲学，信念が経営理念や行動規範と必ずしも同一でないことは繰り返し述べてきたが，それでも時代を生きぬいてきた創業者（あるいは中興の祖）の言葉は重いものである．

　ここでは，江戸時代，明治時代，大正時代，昭和時代（戦前・戦後）に区切り，時代を代表するような創業者の思想，哲学，信念を探ることで，時代背景を浮き彫りにし，経営理念や行動規範の変遷を辿ることにしよう．

第6章 経営理念，行動規範の変遷

1. 江戸時代

(1) 住友政友（住友財閥）

　江戸幕府が開かれた頃，後の住友財閥へとつながる富士屋という店が住友政友によって京都に開かれた（作道，1982）．富士屋は書物と薬を扱う店であった．住友政友は信仰心（涅槃宗）が厚く，住友政友が残した文殊院旨意書（もんじゅいんしいがき）は住友財閥の精神として語り継がれている．明治に入って中興の祖広瀬宰平によって，住友家法が定められた．「営業要旨」として，以下の3点が掲げられた．

　「我営業ハ信用ヲ重ジ確実ヲ旨トシ，以テ一家ノ鞏固隆盛ヲ期ス」，「我営業ハ時勢ノ変遷，理財ノ得失ヲ計リ，弛緩興廃スルコトアルベシト雖モ，浮利ニ趨リ軽進スベカラス」，「予州別子山ノ鉱業ハ我一家累代ノ財本ニシテ，斯業ノ消長ハ実ニ我一家ノ盛衰ニ関ス．宜シク旧来ノ自蹟ニ徴シテ，将来ノ便宜ヲ計リ，益盛大ナラシムベキモノトス」（昭和時代に家法から社則に改訂したときに削除された）．（住友グループ広報委員会ホームページ）

(2) 三井高利（三井財閥）

　江戸時代に創業し，現存する企業（商家）に百貨店がある．ここでは，三越の前身である越後屋呉服店，大丸の前身である大文字屋，高島屋について，おのおのの家憲・家訓に触れることで，江戸時代の経営理念について理解しよう．

　三井家の家祖である三井高利が創業した越後屋呉服店（三越）は，現金払い「現銀掛け値なし」という当時の常識を覆す商売で一世を風靡した（安岡，1982）．当時の商売は，大名を相手にした屋敷売りというもので，屋敷に出入りして反物を反単位で売り，盆暮れに代金を回収する（掛売り）というものであった．三井高利がはじめた商売は，庶民を相手に，反単位以下で切り売りし，掛売りではなく，現金でやりとりをするものであった．

三井高利の遺書は『宗竺遺書（そうちくいしょ）』の一部として受け継がれ，家憲となっている（三井広報委員会ホームページ）．「一族の和を心掛けよ，利益は一族に分配せよ，一族の長を選出せよ，倹約に努めよ，人材登用に最大の注意を払うこと，主人は全業務を知ること，一族の子供も奉公人として扱うこと」．三井高利は，呉服商に続き，両替商も手掛け，江戸だけではなく，京都や大阪にも出店した．江戸・京都・大阪の呉服商・両替商を統括する責任者としての心構えが率直に述べられているといえよう．

(3) 下村彦右衛門（大丸）

　大丸の前進である大文字屋を京都伏見に開いた下村彦右衛門が店是として「先義而後利者栄（先義後利）」を掲げた．先義後利は，儒学の荀子によるものであり，「義を先にして利を後にする者は栄える，利を先にして義を後にする者は辱められる，栄ゆるものは常に通じ，辱められる者は常に窮す」からの引用である（奥村，1994）．福助人形のモデルとされている下村彦右衛門は，越後屋呉服店と同じように現金正札商売で頭角を現し，福引による利益還元で高島屋の名前をひろめた．そして，店是の先義後利に徹した．大塩平八郎の乱で，「大丸は義商なり，犯すなかれ」と災禍を免れたのは有名な話である．

(4) 飯田新七（高島屋）

　初代飯田新七が京都烏丸松原で古着・木綿商（屋号「たかしまや」）をはじめたのが高島屋のはじめであるが，飯田新七が掲げた高島屋の店是は，「確実なる品を廉価にて販売し，自他の利益を図るべし，正札掛値なし，商品の良否は，明らかにこれを顧客に告げ，一点の虚偽あるべからず，顧客の待遇を平等にしいやしくみ貧富貴賎に依りて差等を附すべからず」というものである（日本生産性本部，1991）．

　飯田新七の義父である飯田儀兵衛が近江の高島郡出身であったように，近江商人は，全国を行脚して「近江の千両天秤」とよばれるほど商魂たくましく商

売に励んだ．近江商人の代表的な家訓に「三方よし」というものがある．三方よしとは，売り手によし，買い手によし，そして世間によし，という意味である．

この家訓の源流は，享保時代に活躍した五個荘商人の中村治兵衛による家訓「他国へ行商するもの総て我事のみと思はず，其の国一切の人を大切にして，私利を貪ること勿れ……」にあるという（井上政共が要約したものと考えられている；末永，2000）．全国を行脚する近江商人にとって，商売をする地域の発展に貢献することによってはじめて商売を許されるという意識をもつことの大切さを説いたものである．

(5) 享保の時代

徳川八代将軍吉宗が治めた享保の時代は，元禄バブルがはじけた頃である．吉宗は破綻の危機に瀕した幕府財政を立て直すために，倹約につとめ，新田開発に力を注ぎ，年貢増徴（四公六民から五公五民へ）も断行するなど享保の改革を実施した．バブルの崩壊とともに，幕府や大名を相手にした商人は力を弱め，代わって一般大衆（庶民）を相手にする商人が力をつけてきたのである．石田梅岩による石門心学にみられるように，倹約と正直，堪忍といった教き，先義後利など「正しく」商売をすることによって，商行為を正当なもの（商人の利益は武士の俸禄と同じ）と考えようという思想が生まれてきたのもこの頃である（安岡・瀬岡・藤田，1995）．

また，ヒルシュマイヤー・由井常彦によれば，当時の家憲の第一条は例外なく，「御公儀の法度を堅く守り，お上を敬うこと」であり，「正直」が繁栄の基礎として強調されたという．そして，経営の原理・原則として，智恵・才覚（賢明なる判断や緻密なる配慮），始末（節約以上の効率），算用（疎漏のない計算）をあげる経営者が多かったという（ヒルシュマイヤー・由井，1977）．

2. 明治時代

(1) 岩崎弥太郎・岩崎小弥太（三菱財閥）

　明治時代の経営理念を理解する上で欠かせないのが，三井，住友，三菱，安田など財閥である．ここでは三菱と安田について創業者の家憲・家訓を中心にして経営理念に接近してみよう．

　岩崎弥太郎は，三菱財閥の創始者である（三島，1981）．岩崎弥太郎は，土佐藩士によって結成された海運業を営む九十九商会を監督していたが，廃藩置県によって地位を失い，九十九商会を受け継いで，三菱商会の社長となった．西南戦争の軍事物資の輸送を手掛け，政府の助成金のもと海運業を独占していった．岩崎弥太郎の死後，払い下げや買収によって，造船事業，鉱山事業，銀行事業などに進出し，三菱合資会社となって財閥として発展していく．

　昭和に入って四代目の岩崎小弥太は，「所期奉公」「処事光明」「立業貿易」という三綱領を根本理念として掲げた．端的にいえば，「所期奉公」は，国家に貢献すること，「処事光明」は公明正大であること，「立業貿易」は貿易業務に徹することを意味するものである．これは，ミッション（使命），ビジョン（構想），コード（規範）という経営理念の要素を満たしたものである．

　岩崎小弥太は，訓示などによって，「我々は国家により斯くの如き生産という重大なる任務を委託せらるるのであるから，『国家の為にする』ということが事業経営の最終の目的であり，この目的のために最善の努力をすることがわれわれの理想でなくてはならぬ」「和を養ひ和を尊ぶは三菱所属社員の伝統的精神なり」といったように，国家への奉仕と養和の精神を強調したという（三菱広報委員会ホームページ）．

(2) 安田善次郎（安田財閥）

　富山県に生まれ，上京して奉公人から両替商となり，保険業などを手掛け，安田財閥を興した安田善次郎の若かりし頃の夢は，千両分限者になることで，

奉公時代には，勤勉で出世し，倹約で蓄え，若くして独立することとなった．独立した際に安田善次郎は，「独立独行で世を渡り，けっして他人の力を信用しない．一生懸命に働く．女遊びをしない」「嘘をいわない．曲がったことはしない．正直に世を渡り，正直に道を歩む」「生活費小遣銭などすべて就任の十分の八以内に抑える．収入の十分の二は非常の金として貯蓄する．また住宅のためには身代の十分の一以上の金はけっして使わない．いかなることがあっても己が分限を超えるような僭越な行為を慎む」という誓いを立てている（浅野，1991）．

　安田善次郎は，日本銀行の初代理事になるなど政府と密接な関係をもちながら，安田銀行（現みずほ銀行）や帝国海上（現損保ジャパン）や共済生命（現明治安田生命）など金融財閥を築いた．安田善次郎が第百三十銀行の破綻に際して政府の要請に基づいて救済にあたり，成功させたことは有名である．また，東京―大阪に弾丸列車を走らせたり，東京湾を埋め立てる構想に意欲を燃やしたという．なお，東京大学安田講堂や日比谷公会堂などは安田善次郎による寄贈のものである．

(3) 渋沢栄一

　財閥の創始者以外に注目すべき人物として日本における資本主義の父と称される渋沢栄一があげられよう．渋沢栄一は，官僚を経験し，辞した後に第一国民銀行（後の第一銀行，現在みずほ銀行）の初代頭取に就任した．王子製紙をはじめ生涯で500以上の会社設立に携わったといわれ，実業界の指導者として産業発展に寄与した．

　渋沢栄一は幼少の頃より儒教の教えに慣れ親しみ，成人後，徳川慶喜のもとフランスに派遣され（パリ万国博覧会幕府使節団），西欧の産業に直接触れたこともあって，「道徳と経済の合一」を説いた．道徳と経済の合一とは仁義道徳と生産殖利とは元来ともに進むべきものという考えで，「論語と算盤」といわれることもある．渋沢栄一は，「算盤を弾くのは利である．論語を読むのは

道徳である．余はこの論語と算盤との2つがあい伴い，あい一致してなければならぬと信ずるを以て，論語の教訓を咀嚼吟味して処世の信条としておる」とし，「克く道徳を守り，私利私欲の観念を超越して，国家社会に尽くす誠意を以て獲得せし利益は，これ真性無垢の利益というを得べし」と述べている（渋沢，1985）．

(4) 経営ナショナリズム

　富国強兵・殖産興業をスローガンに明治政府は近代国家への道をまい進した．殖産興業の目玉として会社制度が政府主導の形で導入され，政府の指導と支援のもと産業が興され，会社の起業がなされたのである（浅野，1991）．明治時代の実業家たちはなんらかの形で政府と関わり，時には政府の思惑に翻弄されつつ，さまざまな事業を興し，成長させ，産業を育んでいったのである．思惑もあったかもしれないが，当時の実業家は，外国の技術をいちはやく吸収し，なんとか国産の技術を育成し，欧米列強に追いつけ追い越そうという国益の実現というナショナリズムをエネルギーによって動かされていたといえよう．

3. 大正・昭和時代（戦前）

(1) 豊田佐吉・豊田喜一郎（トヨタ自動車）

　「豊田式木鉄混製動力織機」いわゆる自動織機（じどうしょっき）を発明した豊田佐吉と長男の豊田喜一郎が，フォードやGMによる進んだ技術によって製造された輸入車が市場を席捲していた業界に進出しようと決断したのは，輸入品に対する国産品の競争優位を高め，国益を実現しようとする経営ナショナリズムがあったからといわれている（伊丹・加護野・宮本・米倉，1998）．

　昭和時代に入って制定された豊田綱領には，「一，上下一致，至誠業務に服し産業報国の実を挙ぐべし．一，研究と創造に心を致し常に時流に先んずべし．一，華美を戒め質実剛健たるべし．一，温情友愛の精神を発揮し家庭的美風を作興すべし．一，神仏を尊崇し報恩感謝の生活を為すべし」とある．大正

および昭和の世になっても，経営ナショナリズムはますます実業家の原動力となっていたといえよう．

(2) 松下幸之助（松下電器産業）

松下幸之助は，松下電気器具製作所（現松下電器産業）を創業し，二股ソケットや角型ランプなどヒット商品を続々と世に送り出した．松下幸之助の理念の根底にあるのは，水道哲学である．水道哲学とは，既述したように，産業人の使命を貧乏の克服とし，蛇口をひねれば誰でも水を飲めるように，生活に必要なものも豊富に，しかも廉価で提供することで世の中から貧しさをなくそうとしたのである．

松下幸之助は，1929 年に以下の綱領と信念を，1933 年には遵法すべき精神を制定している（松下電器ホームページ，松下幸之助について）．

綱領「営利と社会正義の調和に念慮し　国家産業の発展を図り　社会生活の改善と向上を期す」

信念「向上発展は各員の和親協力を得るにあらされは難し各員自我を捨て互譲の精神を以て一致協力店務に服すること」

遵法すべき精神「産業報国の精神（産業報国は当社綱領に示す処にして我等産業人たるものは本精神を第一義とせざるべからず），公明正大の精神（公明正大は人間処世の大本にして如何に学識才能を有するも此の精神なきものは以て範とするに足らず），和親一致の精神（和親一致は既に当社信条に掲ぐる処個々に如何なる優秀の人材を聚むるも此の精神に欠くるあらば所謂烏合の衆にして何等の力なし），力闘向上の精神（我等使命の達成には徹底的力闘こそ唯一の要諦にして真の平和も向上も此の精神なくては贏ち得られざるべし），礼節謙譲の精神（人にして礼節を紊り謙譲の心なくんば社会の秩序は整わざるべし正しき礼儀と謙譲の徳の存する処社会を情操的に美化せしめ以て潤いある人生を現出し得るものなり），順応同化の精神（進歩発達は自然の摂理に順応同化するにあらざれば得難し社会の大勢に即せず人為に偏する如きにては決して

成功は望み得ざるべし），感謝報恩の精神（感謝報恩の念は吾人に無限の悦びと活力を与うるものにして此の念深き処如何なる艱難をも克服するを得真の幸福を招来する根源となるものなり）」

既述した綱領や信念と比較してみると，当時の綱領や信念には，経営ナショナリズムが色濃く反映されていることが理解できよう．

(3) 小林一三（阪急電鉄）

ただ，経営ナショナリズムとは一線を画した経営理念も登場する．第2章でも取り上げたが，阪急電鉄の創業者である小林一三は，三井銀行を退社後，箕面有馬電軌（現阪急電鉄）の支配人となった．後発であり，郊外に線路を敷くしかなかったが，「乗る人がいなくて赤字になるなら，乗る客を作りだせばよい．それには沿線に人の集まる場所を作ればいいのだ」と発想を転換し，宅地開発を進め，温泉，動物園，運動場など沿線に呼び物をつくった．宝塚唱歌隊（現宝塚歌劇団）も小林一三によるものである．また，ターミナル・デパートを考案し，大阪梅田に阪急百貨店を開いた．その後，東京宝塚劇場（現東宝）を設立，東京電灯（現東京電力）の社長になるなど活躍を続け，近衛内閣で商工相にもなった．

小林一三の理念の根幹をなすのは，「自分の計算から出発しない」，すなわち，提供者の論理ではなく，利用者の論理に徹して製品・サービスを考え抜くことである．

さらに，小林一三は，阪神毎朝新聞に掲載された『阪急だより』において「我々が面倒臭い，食堂やマーケットを直営したり，市内編入区域の電灯料を市と同一に引き下げたり，宝塚に於て低廉なる娯楽を提供する所以のものは，単に乗客吸収策といふばかりではない．所謂共存共栄の精神に基づいて，阪急沿線に住居することが如何に愉快に，其生活をエンジョイするかといふ理想郷を出現したいものだと考へてゐるからである」と述べているように，利益を株主や従業員だけではなく，大衆にも分配していく共存共栄の理念が小林一三に

あったからこそ，時代を先取りするアイデアが生まれたのである（津金澤，1991：145）．

また，小林一三は「五戒」を残している．「一，吾々の享くる幸福は御乗客の賜なり　一，職務に注意し，御乗客を大切にすべし　一，其日になすべき仕事は翌日に延ばすべからず　一，不平と怠慢は健康を害す，職務を愉快に勉めよ，一，会社の盛衰は吾々の双肩にあり，極力奮闘せよ」（浅野，1991）

小林一三は，慶應義塾大学で福沢諭吉の薫陶を受けたといわれている．「天は人の上に人をつくらず，人の下に人をつくらずといえり」という言葉を残した福沢諭吉の教育理念は，独立自尊であった．慶應義塾大学によると，独立は「国家権力や社会風潮に迎合しない態度」，自尊は「自己の尊厳を守り，何事も自分の判断・責任のもとに行うこと」を意味するとのことである（慶應義塾大学ホームページ，プロローグ）．小林一三が福沢諭吉の影響を受けたとすれば経営ナショナリズムと一線を画し，大衆本位を理念としたことも頷けるだろう．

(4) 武藤山治（カネボウ）

鐘淵紡績の中興の祖である武藤山治も福沢諭吉の影響を受けたひとりである．武藤山治は慶應義塾で学んだ後に渡米し，帰国後に三井銀行に入社，鐘淵紡績（現カネボウ）の支配人として再建に取り組み，社長となった人物である．武藤山治は上海紡績をはじめとする合併・買収において辣腕をふるい，鐘淵紡績を一流企業へと育て上げた．当時，使い古された機械をだましだまし使用する紡績業界にあって，新しい機械を導入して，保全に十分に費用をかけることによって，生産性を上げた．

武藤山治を有名にしたのは，「温情主義」である．鐘紡共済組合の設立をはじめ，注意箱（投書箱），慰安娯楽設備，鐘紡共済組合など福利厚生の充実に努めた．『女工哀史』で知られるように，女性や子どもが悲惨で劣悪な環境のもと労働を強いられていた時代のことであるから，いかに画期的であったかが理解できよう．温情主義はあながち，ヒューマニズムからだけではなく，勤労

意欲をかきたて，生産性を上げるためでもあった．武藤山治は，著書の中で，「店員や従業員を他人の子供を預つて居ると思つて，家族同様に何処までも親身の世話をせねばならぬ．かくすれば，自然と使はれる者と使ふ者との間に一種の情愛が出来て，仕事の成績も自然良好となり，これが為めに要する費用は損失とはならぬのである」と述べている（入江，1987）．

(5) 経営家族主義

経営ナショナリズムとともに，経営理念や行動規範の中で標榜されたものが，経営家族主義であろう．経営家族主義あるいは温情主義とよばれるものは，端的にいえば，家族に擬制された身分関係のもと経営者が従業員の面倒をみようとする態度である．そして，経営者の従業員に対する配慮の根底には，施恩と報恩という「恩」意識が強く働いている（間，1964）．

「温情友愛の精神を発揮し家庭的美風を作興すべし」という経営家族主義が標榜されるようになった背景には，① 日清戦争後，間接的な請負制が後退する中で，労働者を直接的に管理しようとする動きに対して，労働運動が激化したこと，② 日露戦争後に個人主義が世の中にはびこるようになり，政府も含めて危機感を募らせたこと，③ 合併・買収など規模が大きくなるにつれて，従業員をつなぎとめる必要があったことなどがあげられる（浅野，1991）．

昭和に入り，金融恐慌によって街中に失業者があふれるようになり，経営家族主義は色あせてしまった．さらに，軍国主義へとまっしぐらに向かう中で，利潤追求を声に出すことははばかられるようになった．戦争が終わっても，占領軍のもとで財閥解体などが断行され，労働組合が認められるなど経営者にとってはなす術もない状態であった．

4. 昭和（戦後）・平成時代

(1) 井深大・盛田昭夫（ソニー）

復興の中で東京通信工業（現ソニー）や本田技研工業が設立され，新たな時

代の息吹が吹き始めていた．東京通信工業も本田技研工業も技術者集団ともよべる存在で，夢とビジョンを熱く語る創業者のもとで次つぎに新製品を世に出していった．

　東京通信工業は，1946年日本橋にて創業，ラジオの修理などを手掛け，テープレコーダーの開発に成功，トランジスタラジオ，トリニトロンテレビ，ベータ方式ビデオ，ウォークマンなどオーディオ・ビジュアルの先駆者として，また海外拠点を早くから設け，世界に名前を轟かせている．ソニーの創業者は井深大であり，井深大を支えた盛田昭夫でもある．

　井深大がしたためた設立趣意書には，技術あるいは技術者への熱い想いが込められている．戦時中より井深大は，「ソレデコレ等ノ人達ガ，真ニ人格的ニ結合シ，堅キ協同精神ヲ以テ思フ存分技術能力ヲ発揮出来ル様ナ状態ニ置ク事ガ出来タラ，例ヘ其ノ人員ハ僅カデ，其ノ施設ハ乏シクトモ其ノ運営ハ如何ニ楽シキモノデアリ，其ノ成果ハ如何ニ大デアルカヲ考ヘ，コノ理想ヲ実現出来ル構想ヲ種々心ノ内ニ書イテ来タ」という．

　そして，東京通信工業を「真面目ナル技術者ノ技能ヲ，最高度ニ発揮セシムベキ自由闊達ニシテ愉快ナル理想工場ノ建設」のために設立，「極力製品ノ選択ニ努メ技術上ノ困難ハ寧ロ之ヲ歓迎，量ノ多少ニ関セズ最モ社会的ニ利用度ノ高イ高級技術製品ヲ対象トス，又単ニ電気，機械等ノ形式的分類ハサケ，其ノ両者ヲ統合セルガ如キ他社ノ追随ヲ絶対許サザル境地ニ独自ナル製品化ヲ行フ」ことを経営方針としている（ソニーホームページ，設立趣意書）．

(2) 本田宗一郎（本田技研工業）

　本田技研工業（ホンダ）は，1948年に設立され，オートバイの生産をはじめた．藤澤武夫とともに，世界のホンダに育て上げた．ドリーム，スーパーカブなどオートバイを世に出し，爆発的ヒットを放つ．四輪車業界に進出し，二輪車・四輪車ともに世界的なレースで優勝し，一躍ホンダの名前がひろがった．ここでは社内報に綴った本田宗一郎の言葉に耳を傾けよう（本田技研工業ホー

ムページ，語り継ぎたいこと50年史）．

　社内報1951年12月4日号に掲載された本田宗一郎の言葉は，3つの喜びであった．造る喜び，売る喜び，買う喜びである．造る喜びとは，「技術者がその独自のアイデアによつて，文化社会に貢献する製品を作り出すことは何物にも替え難い喜び」であり，売る喜びとは，「良くて安い品は必ず迎えられる．よく売れるところに利潤もあり，その品を扱う誇りがあり，喜び」である．そして，本田宗一郎は，買う喜びについて，「即ち買つた人の喜びこそ，最も公平な製品の価値を決定するものである」としている．

　さらに，社内報1952年2月6日号においては，「本年こそ，世界のホンダにならなければならない」と宣言をしている．そして，社内報1956年1月23日号では，社是と運営方針が発表される．社是は，「わが社は，世界的視野に立ち，顧客の要請に応えて，性能の優れた，廉價な製品を生産する．わが社の発展を期することは，ひとり従業員と株主の幸福に寄興するに止まらない．良い商品を供給することによって顧客に喜ばれ，関係諸会社の興隆に資し，さらに日本工業の技術水準を高め，もって社会に貢献することこそ，わが社存立の目的である」というものであった．また，運営方針として，「常に夢と若さを保つこと，理論とアイデアと時間を尊重すること，仕事を愛し職場を明るくすること，調和のとれた仕事の流れを作り上げること，不断の研究と努力を忘れないこと」があげられていた．

(3) 利潤追求から責任追及へ

　戦後，労働組合が認められ，労働争議が多発した．経営家族主義とは違った意味で，経営理念の多くが労使協調をうたっているのは，この時代の苦い経験を踏まえたものと思われる．日本は積極的な設備投資のもと高度経済成長へ道をひたすらに歩きはじめ，技術革新や生産性，品質管理といった言葉が頻繁に飛び交うようになった．欧米に追いつけ追い越せという意識が高まり，利潤追求を正しいものという風潮が大半を占めた．ソニーやホンダは国内市場が成熟

していなかったため，海外市場に成長の機会を求め，海外進出に成功をおさめていく．

しかし，高度経済成長の裏面として，公害問題や消費者問題など利潤追求の影の部分も露呈しはじめ，社会的責任が追及されるようになった．オイルショック後の低成長時代に利潤追求や規模拡大を声高に叫ぶことは難しくなったのである．利潤追求と責任追及のはざまで，使命感や存在意義を訴える必要が増したといえよう．また，減速経済下によっていたずらに規模の拡大にまい進し，無秩序に手をひろげる経営はなじまなくなり，生存領域や構想をはっきり打ち出す必要が増したとも考えられる．存在意義や生存領域が経営理念としてクローズアップされるようになったのである．

(4) 共存共栄

バブル経済が崩壊し，平成不況を経験した今日，経営理念や行動規範に何が求められているのであろうか．倒産が相次ぎ，不祥事も頻発する中で，コンプライアンス（法令遵守）の問題とともに，コーポレート・ガバナンス（企業統治）の問題が問われるようになった．株主だけではなく，消費者や従業員なども含め，ステークホルダーの利害対立を解消し，良好な関係を築くことが求められるようになった．環境問題も含めて，ステークホルダーとの共存共栄が改めて経営理念や行動規範に強調されるようになったのである．

共存共栄の前提にあるのは独立である．独立しているがゆえに共存共栄という言葉がある．社会と企業という文脈においては，規制緩和によって大競争時代に入り，横並びの経営では生き残っていけなくなってきており，また，既述したようにイメージや好感度が製品・サービスの売れ行きを大きく左右するようになってきたこともあって，独立した存在としてのアイデンティティある企業が望まれている．これは，企業と個人という文脈でも同様である．

すなわち，長引く不況の中で，リストラの名のもと雇用に手がつけられ，日本的経営が揺らぎつつある今日，組織と個人の関係は微妙なものとなり，企業

が個人を選ぶだけではなく，個人が企業を選ぶ時代になってきた．独立した存在であるアイデンティティある企業とステークホルダーとの共存共栄をはかる企業は表裏一体の関係にあると考えられよう．

　経営理念や行動規範にミッション，ビジョン，コードを織り込み，経営理念を経営戦略や企業文化に反映させ，企業行動を独自なものにしていくという理念型経営は，今までの地図があてはまらない時代に自らの力で光を灯しながら進む経営と理解されよう．

演・習・問・題

問 1　企業家（あるいは起業家）に共通する特徴があるだろうか．
問 2　創業者や中興の祖の理念や規範が，現在どのように変わっているか，あるいは変わっていないか調べなさい．
問 3　文化遺伝子（ミーム：meme）とは何か，調べなさい．

参考文献

浅野俊光（1991）『日本の近代化と経営理念』日本経済評論社

間宏（1964）『日本労務管理史研究』ダイヤモンド社

ヒルシュマイヤー・由井常彦（1977）『日本の経営発展―近代化と企業経営』東洋経済新報社

本田技研工業ホームページ「語り継ぎたいこと50年史」http://www.honda.co.jp/50years-history/

伊丹敬之・加護野忠男・宮本又郎・米倉誠一郎（1998）『企業家の群像と時代の息吹』有斐閣

入江好脩（1987）『武藤山治　新装版』吉川弘文館

慶應義塾大学ホームページ「プロローグ」http://www.keio.ac.jp/keio_sogo_master/prologue.html

松下電器ホームページ「松下幸之助について」http://panasonic.co.jp/cgi-bin/person/index.cgi

三島康雄編（1981）『日本財閥経営史』日本経済新聞社

三菱広報委員会ホームページ　http://www.mitsubishi.or.jp/
三井広報委員会ホームページ　http://www.mitsuipr.com/
日本生産性本部（1991）『社是社訓』日本生産性本部
奥村慎一（1994）『現代企業を動かす経営理念』有斐閣
作道洋太郎編（1982）『日本財閥経営史　住友財閥』日本経済新聞社
渋沢栄一（1985）『論語と算盤』国書刊行会
ソニーホームページ「設立趣意書」http://www.sony.co.jp/SonyInfo/CorporateInfo/History/prospectus.html
住友グループ広報委員会ホームページ　http://www.sumitomo.gr.jp/
末永國紀（2000）『近江商人』中央公論新社
津金澤聰廣（1991）『宝塚戦略―小林一三の生活文化論』講談社
安岡重明編（1982）『日本財閥経営史　三井財閥』日本経済新聞社
安岡重明・瀬岡誠・藤田真一郎（1995）「経営理念の近世的特色」安岡重明・天野雅敏編『近世的経営の展開』岩波書店

―――《 推薦図書 》―――

1. 浅野俊光（1991）『日本の近代化と経営理念』日本経済評論社
　　経営理念史に関する詳細で丁寧な記述が研究に大変役立つだろう．
2. 伊丹敬之・加護野忠男・宮本又郎・米倉誠一郎（1998）『企業家の群像と時代の息吹』有斐閣
　　グラフや表を織り交ぜながら企業家像を浮き彫りにしている．
3. 佐々木聡（2001）『日本の企業家群像』丸善
　　同時代あるいは同業界を生きた対照的な企業家をカップリングしながらの研究は大変興味深い．

第7章の要約

　世代を超えて存続し続け，業界において卓越した存在として尊敬を集める超優良企業における経営理念や行動規範について検討する．『エクセレント・カンパニー』において，価値観に基づく実践，すなわち企業文化にスポットライトが浴びせられ，『ビジョナリー・カンパニー』によって，企業文化の中核をなす経営理念や行動規範がクローズアップされた．

　リーダーの理念や規範が業績におよぼす影響を測定することはむずかしい．リーダーの理念や規範が，方針や戦略，制度や儀式，製品・サービス，広告・宣伝などに反映されていく．そして，メンバーの価値や信念に影響を与え，思考や行動の様式を左右する．複雑に絡まった因果関係を解きほぐしていくことは，困難をともなう作業である．

　『エクセレント・カンパニー』や『ビジョナリー・カンパニー』のように，ふるいにかけられた超優良企業に共通する経営理念や行動規範の特徴を抽出する方法は有効である．これらの研究を手がかりに，経営理念や行動規範が業績におよぼす影響について接近していこう．

第7章 ビジョナリー・カンパニー

1. 成功と失敗から学ぶべきこと

　経営理念や行動規範は，戦略や計画の源泉となり，企業文化の中核となり，ステークホルダーへのメッセージとなる．経営理念や行動規範はある意味で企業の運命を左右する．ここでは，まず経営理念や行動規範がおよぼす影響について，実例に即して検討してみよう．

　ヘンリー・フォードは，フォード自動車の創業者であるが，大量生産方式によるコストダウンに次ぐコストダウンの結果，高嶺の花であった自動車を大衆の手が届く存在にした人物である．

　フォードに成功をもたらしたのは，ベルトコンベアによる流れ作業の開発であり，まちまちな部品の規格を決めたり，一人ひとりの作業を単純にしたり，効率を上げるための工夫を凝らしたりするなど，フォード・システムとよばれる大量生産方式を確立したことである．しかし，フォードの成功の原因は，技術だけではなく，理念にもあったといわれている．

　フォードは資本家が機械や道具を揃え，労働者を安く雇い，大衆に商品を高く売りとばすことで利潤をあげる利潤動機に疑問をもった．

　利潤動機では，需要が喚起されず，市場は冷え切ってしまう．むしろ労働者に高い賃金を払い，大衆に商品を安く売ることで，需要を喚起し，社会を豊かにするという奉仕動機を打ち立てた．これはフォーディズムともよばれている．フォーディズムにおいて，利潤が否定されているわけではない．利潤は奉仕の結果，生じるものなのである．

　フォーディズムとフォード・システムの象徴がT型フォードであった．フォードはT型フォードの一車種に絞り込み，コストダウンを成功させ，20年かけて価格を半分以下にまで下げ，アメリカの自動車の半分はT型フォードといわれるほどになった．労働者に対しても，1日8時間，1日当たり5ないし6ドル支払い，当時としては破格の厚遇を実現した．

しかし，ライバルのゼネラル・モータースはモデル・チェンジによって大衆のさまざまなニーズに的確にこたえていくことで，次第に大衆の心をつかんでいく．誰だって隣人と同じクルマに乗りたいとは思わなくなるものである．息子や腹心の部下が再三再四忠告したにもかかわらず，フォードは，T型フォードによるコストダウンにこだわり，ゼネラル・モータース社にシェアを奪われていった（北野，1977）．

　フォードの失敗については，消費者をみていたはずが，消費者をみていなかった，コストダウンに固執し過ぎてしまった．独裁者ゆえに正しい意見が通らなかったなどさまざまな論点があるだろう．奉仕動機そのものは素晴らしいものであるにもかかわらず，奉仕動機がひとり歩きしてしまった結果，奉仕動機にまつわる戦略や組織まで不変のものであるという誤解が生じてしまったともいえよう．フォードの失敗は理念のもつ恐ろしさを物語っているのである．

　ジョンソン・エンド・ジョンソンは，ロバート・ウッド・ジョンソン（Johnson, R. W.）が兄弟たちと始めた湿布薬や包帯を扱う会社であったが，ベビーパウダーで一躍有名になり，バンドエイドなどヒット商品を世に送り出した．そのひとつがタイレノールという鎮痛剤である．

　しかし，1982年にタイレノールに第三者によって異物が混入された事件が起こり，死者が出て全米を震撼させることになった．長年をかけて築き上げた信頼が一夜にして地に堕ちるような危機に際して，経営者たちは迷わず，マスコミで使用中止を訴え，消費者に対して電話窓口が設けられ，1億ドル以上をかけてタイレノールを回収した．さらに，異物が混入できないようなカプセルが開発された．タイレノールの売上は徐々に回復していった．

　まさに，危機管理のお手本ともいうべき対処であったが，これを可能にしたのは，次に示すロバート・ウッド・ジョンソンがしたためた「われらの信条」にあったといわれている（ジョンソン・エンド・ジョンソンホームページ，「わが信条」あるいは「J&J百年史」）．以下，少々長くなるが，4つの責任から構成される「われらの信条」を挙げる．

第7章　ビジョナリー・カンパニー

「我々の第一の責任は，我々の製品およびサービスを使用してくれる医師，看護師，患者，そして母親，父親をはじめとする，すべての顧客に対するものであると確信する．顧客一人一人のニーズに応えるにあたり，我々の行なうすべての活動は質的に高い水準のものでなければならない．適正な価格を維持するため，我々は常に製品原価を引き下げる努力をしなければならない．顧客からの注文には，迅速，かつ正確に応えなければならない．我々の取引先には，適正な利益をあげる機会を提供しなければならない．

我々の第二の責任は全社員——世界中で共に働く男性も女性も——に対するものである．社員一人一人は個人として尊重され，その尊厳と価値が認められなければならない．社員は安心して仕事に従事できなければならない．待遇は公正かつ適切でなければならず，働く環境は清潔で，整理整頓され，かつ安全でなければならない．社員が家族に対する責任を十分果たすことができるよう，配慮しなければならない．社員の提案，苦情が自由にできる環境でなければならない．能力ある人々には，雇用，能力開発および昇進の機会が平等に与えられなければならない．我々は有能な管理者を任命しなければならない．そして，その行動は公正，かつ道義にかなったものでなければならない．

我々の第三の責任は，我々が生活し，働いている地域社会，更には全世界の共同社会に対するものである．我々は良き市民として，有益な社会事業および福祉に貢献し，適切な租税を負担しなければならない．我々は社会の発展，健康の増進，教育の改善に寄与する活動に参画しなければならない．我々が使用する施設を常に良好な状態に保ち，環境と資源の保護に努めなければならない．

我々の第四の，そして最後の責任は，会社の株主に対するものである．事業は健全な利益を生まなければならない．我々は新しい考えを試みなければならない．研究開発は継続され，革新的な企画は開発され，失敗は償わなければならない．新しい設備を購入し，新しい施設を整備し，新しい製品を市場に導入しなければならない．逆境の時に備えて蓄積をおこなわなければならない．これらすべての原則が実行されてはじめて，株主は正当な報酬を享受することが

できるものと確信する.」

2. エクセレント・カンパニーからビジョナリー・カンパニーへ

　経営理念や行動規範が業績とどう結びつくのか，説明は困難である．なぜならば，経営理念や行動規範は，組織のさまざまな要素と密接に関わり合っているため，因果関係を追跡しにくいからである．しかし，組織にあらゆる活動が深く絡み合っているがゆえに，経営理念や行動規範が業績を左右することだけはたしかである，といえる．こういった時に，業績が高い企業に共通する特徴をあぶり出す方法は有効である．

　企業文化が脚光を浴びるきっかけとなった『エクセレント・カンパニー』も超優良企業に共通する特徴を描き，まとめている．さらに，『ビジョナリー・カンパニー』では超優良企業と比較対象企業の違いから，超優良企業の条件を抽出するという方法がとられ，栄枯盛衰の中で理念主導型ともいうべき企業が生き残っていることを発見した．

　ここでは，2つの著書を踏まえながら，経営理念や行動規範が業績とどう結びつくのかについて検討することにする．

(1) エクセレント・カンパニーの衝撃

　『エクセレント・カンパニー』は，財務諸表の数値や業界専門家の意見から，成長性や収益性，革新性を考慮して超優良企業を選び，超優良企業に共通する特徴を抽出したピーターズとウォーターマンの研究である (Peters, T. J. and R. H. Waterman, 邦訳, 1983)．注目されるべきことは，戦略や構造といったハードウェアだけではなく，人間や文化といったソフトウェアの部分にまで踏み込んで分析したことである．著者は，戦略を策定する上で，ハードウェアばかりに気をとられ，分析ばかりにこだわり，実行する生身の人びとのことを忘れてしまっていると批判し，分析麻痺症候群と名づけて揶揄した．

　エクセレント・カンパニーに共通するのは以下の点であった．

図表７−１　エクセレント・カンパニーとビジョナリー・カンパニー

エクセレント・カンパニー	ビジョナリー・カンパニー
機軸から離れない	基本理念を維持する
価値観に基づく実践	カルトのような文化
ひとを通じた生産性の向上	生え抜きの経営陣
厳しさと緩やかさの両面を同時にもつ	進歩を促す
顧客に密着する	社運を賭けた大胆な目標
行動の重視	大量のものを試して、うまくいったものを残す
自主性と企業家精神	決して満足しない
単純な組織　小さな組織	

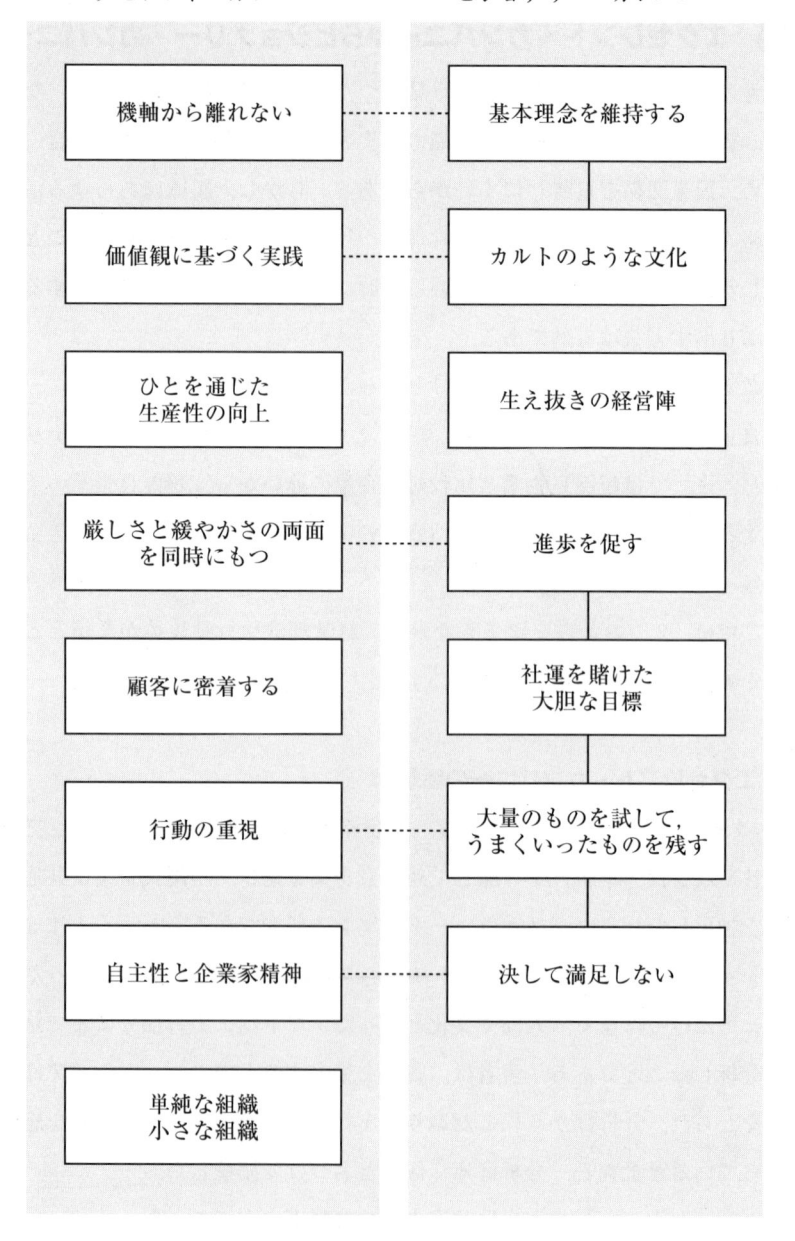

① タスクフォースなどを活用して迅速で数多い実験の中から成功をつかむ，計画よりもむしろ行動を重視する傾向にあること．
② 顧客に密着して，生産者の論理を押しつけるのではなく，消費者の論理にこだわって製品・サービスを開発し，生産し，販売する，顧客第一主義を貫いていること．
③ 革新者であるチャンピオンが活躍できるよう，失敗に寛容で，挑戦を推奨する，堂々と意見を闘わせるような土壌，いわば企業家精神を尊重するしくみと空気があること．
④ 家族のように従業員を大切にし，従業員みずからすすんで業務を改善したり，業績を向上させたりするよう上手に動機づけしていること，そして，生産性を上げるのは機械ではなく人であることを強調していること．
⑤ 価値や信条を明確にし，組織の末端にまで浸透させていること．
⑥ 大胆な買収などによる関連しない分野への多角化を避け，機軸から離れないこと．
⑦ マトリックス組織など複雑な組織よりむしろ単純な組織を形成し，本社の少人数のスタッフで管理していること．
⑧ 権限を委譲し，自由裁量の余地を大きくして緩やかな管理のもと企業家精神を発揮しやすくするとともに，厳格な規律を通じて価値や信条を徹底するなど厳しく管理していること．

なかでも，⑤の価値や信条についてエクセレント・カンパニーを俯瞰するならば，数値目標といった量的なものではなく，質的な表現がなされていること，組織の末端にいる人びとを鼓舞するような内容であること，コスト対サービスといった矛盾に対してどちらかを選択する明確さがあること，が共通しているという．そして，価値体系の内容に関して以下の内容のいくつかが必ず含まれている．

「ベスト」であるという信条，細部をきちんとやることが重要であり，よい仕事の基礎だという信条，人間の個性を重視するという信条，優れた質とサー

ビスへの信条，組織のほとんどのメンバーが革新者となり，そこから当然失敗を進んで許容すべきだという信条，形式主義を排して意思の疎通を強めることが重要だとする信条，経済成長と利潤が重要だとする明らかな信条とそのことの認識．

(2) ビジョナリー・カンパニーへ

　ビジョナリー・カンパニーの定義であるが，著者によれば，ビジョンを有しており，世代を超えて存続し続け，業界において卓越した存在として尊敬を集める企業である（Collins, J. C. and J. I. Porras, 邦訳, 1995）．一流企業の最高経営者たちへのアンケート調査に基づいて，以上の定義にあてはまるビジョナリー・カンパニーを選んでいる．

　ビジョナリー・カンパニーに関する研究を特徴づけているのは，ビジョナリー・カンパニーに共通している特徴を抽出するのではなく，ビジョナリー・カンパニーに選ばれなかった比較対象企業との違いに共通するものがあるか検討している点である．なお，比較対象企業は，同じような時期に似たような分野から出発した業績のよい企業である．また，現在の比較だけではなく，過去にさかのぼり歴史について調査し，比較している点が興味深い．

　ビジョナリー・カンパニーが比較対象企業と異なった点は，価値や目的を表す基本理念が変わらないことであるという．基本理念は必ずしも利益とは限らない．むしろ利益は空気のようなものだという．基本理念の内容はばらばらであるという．重要なことは，基本理念を貫くことである．したがって，世の中がどれだけ変わっても，あるいは扱う製品・サービスがどれだけ変わっても，経営者がどれだけ変わっても，指針となるものでなければならない．また，永遠に追求すべきものでなくてはならない．やすやすと達成できるものであってはならない．繰り返すが，基本理念を変えないということがビジョナリー・カンパニーの条件である．

　IBMは，ビジョナリー・カンパニーに選ばれているが，IBMの信条は，①

われわれは個人を尊重する，②ビジネスとは消費者へのサービスである，③万事に他より優越しようとする努力をなせ，である．この３つの信条は，創業者であるトーマス・ワトソン・シニア（Watson, T. J.）によって定められたものである（片方，1985）．

　IBMの抜本的な改革を成し遂げた中興の祖ルイス・ガースナー（Gerstner, Jr., L. V.）は，あらゆるものを変えたが，唯一変えなかったのが３つの信条だったというのは有名な話である．留意すべきことは，３つの信条においてコンピュータのことはなにも触れられていないことである．IBMがいつかコンピュータ事業から撤退したとしても，３つの信条は生き残るのである．さらに，驚くべきことにIBMの前身は，肉切り機やコーヒー挽き機などを製造して販売する会社であったことである．いかに事業が変化しているか，そしていかに３つの信条は変化していないかである．

　逆に，戦略や組織など基本理念以外は臨機応変に変えていくことで，進歩を促さなければならない．基本理念を維持しながら進歩を促すことがビジョナリー・カンパニーの真髄であるという．そして，基本理念を維持しながら進歩を促す方法がしっかりと確立していることが重要であるという．カリスマ的指導者が現れなくてもよいのである．カリスマ的指導者が次から次へと現れることはまずあり得ない．指導者が変わっても基本理念が維持されるしくみが整えられ，進歩を促すしくみが築かれること，個人より組織の問題が大きいのである．偶然にアイデアが浮かび，商品がヒットすることではない．さまざまなアイデアをひろく集め，商品に結びつけて，次から次へとヒットさせるしくみを構築することである．

　基本理念を維持するしくみとして，カルトのような文化が必要であり，生え抜きの経営者を育てなければならないという．基本理念を維持するということは，基本理念がさまざまな制度や習慣に反映されて，組織の隅々まで浸透していることに他ならない．文化が強烈であればあるほど，文化に合う人，合わない人がはっきりしてくる．合わない人にとっては，カルトのような文化は息苦

第7章　ビジョナリー・カンパニー

しくなり，居心地が悪くなり，辞めてしまう．残った人は，強烈な文化を受け入れ，自分のものにしており，エリート意識をもつようになる．

基本理念が血液のごとく体内に流れている者が経営者として育っていくならば，企業理念は維持されていく．前任者を踏襲する経営者もいれば，踏襲せず変革する経営者もいる．しかし，経営者の気持ちとしては前任者となにか違うことをしたいと思うであろう．さまざまな斬新なアイデアが出てくるだろうが，アイデアの前提は，生え抜きの経営者であれば変わらない．むしろ，無謀ともいえるアイデアを無理なく受け入れさせるためには，理念というお墨付きが必要なのかもしれない．

他方，進歩を促すしくみとして，社運を賭けた大胆な目標を立てること，試行錯誤を奨励して変異を発生させ，淘汰していくこと，そして，従業員の不安感をあおり，改善し続ける土壌を作ることがあげられている．社運を賭けた大胆な目標とは，現在の能力ではとうてい達成できないような，しかも失敗すれば倒産を免れないような高く大きな目標を掲げることである．最初は，半信半疑でとりかかる従業員が少しずつ突破口を開いていくにつれて，次第に引き込まれ，のめり込んでいくような目標である．高く大きな目標を掲げ，猪突猛進することで，技術力，生産力，販売力などが上がっていく．追い込まれる中で，考えもつかないアイデアが浮かんでくる．いわば，負荷をかけて潜在的な能力を引き出すのである．

高く大きな目標によって，計画的に進歩していくだけではない．日々の活動においてさまざまな挑戦をさせ，たくさんの試行の中から発展しそうなものを見極め，努力を集中させていく，まさに枝葉をひろげ，育った枝葉を剪定していくことが必要である．ある意味で無計画に進歩することである．戦略論においてよく知られている分析型とプロセス型の違いである．前者が，環境を予測し，資源を分析して，いくつかの選択肢の中から合理的なものを選び，戦略とする考え方である（ただし，社運を賭けた大胆な目標が合理的であるかどうかは別である）．後者は，意図しなかった，あるいは意図に反した偶然の成功を

うまく取り込んで，戦略を創造していくという考えである．むしろ，戦略を創発するような刺激を与えることが大切になる．強力な接着剤を作ろうとして，非常に弱くてすぐに剥がれてしまう接着剤を作ってしまった失敗を付箋紙にして成功させてしまった3M社の話は有名である．戦略の創発は，従業員の企業家精神を鼓舞し，組織の勢いを生み出すという（奥村，1989）．

ただ，われわれが留意しなければならないのは，なにもせず戦略が創発するのではないことである．戦略を創発するきっかけとなる価値や目的が必要であり，創発を後押しする習慣や制度がなくてはならない．失敗を大目にみる文化や褒賞を与えるなどの挑戦できる環境づくりである．慢心してはならない．いつも改善を心がけ，大きな発見へとつながる小さな発見が組織のそこかしこで起こるよう日々努力することを義務づけなければならない．人事考課や教育・研修といった制度だけではなく，品質管理サークルといった活動によっても，改善し続ける土壌を育むことが可能である．

3. 理念や規範と業績の関係

エクセレント・カンパニーは，ホーソン実験のように経営における人間の復権を謳ったものであり，ハードウェアだけではなく，ハードウェアを動かすソフトウェア，なかでも企業文化をいかに扱うかによって，業績が左右されることを浮き彫りにした．

エクセレント・カンパニーは企業文化を真正面にすえて研究したものではないので，ソフトウェアとハードウェアの関係が明確になっていないなど疑問が残るが，技術の部分だけではなく，心の部分がよりよい製品・サービスを生み出す源泉となりうることを証明したことは意義深い．エクセレント・カンパニーとビジョナリー・カンパニーで共通するのは，価値や信念が明確に打ち出され，企業文化として組織の隅々まで浸透させること，また，実験主義のもと，試行錯誤の中から成功を導き出していくこと，さらに挑戦意欲をかきたて失敗に寛容な習慣や制度を設けることである．

第7章　ビジョナリー・カンパニー

　ビジョナリー・カンパニーは，変えるものと変えないものをはっきりさせ，理念の中の理念ともいうべき価値や信念はまったく変えず，中核でない理念，目標，構想，戦略，構造などをドラスチックに変えていくことを強調する．めまぐるしく変化する環境に合わせて，合併・買収といった戦略の転換や構造の変革などが求められれば，組織における個人が振り回されることとなる．挑戦したり，改善したりすることは，延長線上のことであり，みずから生み出す変化であるが，戦略の転換や構造の変革は，押し付けられた変化でもあり，個人が抵抗や不安を感じるのは当たり前といえよう．まさに，自分が自分でなくなるアイデンティティの危機を味わう体験であろう．それゆえに，価値や信念が維持されること，さらに価値や信念が維持されるしくみも維持されることは，アイデンティティの危機を回避することを可能にするのである．

　理念の中でも，変えるものと変えないものがある．理念の中の理念である価値や信念は，ビジョナリー・カンパニーの著者によれば，いくつかの一般的な指導原理から構成される不変の主義であるという．アメリカ独立宣言にみられるような自由と平等のように，あるいは前述したジョンソン・アンド・ジョンソンの「われわれの信条」やIBMの「3つの信条」のように，時代が変わっても，環境が変わっても，指針であり続けられるものである．

　指導原理となる価値観をリストアップし，「これらの価値観のうち，外部の環境が変わっても，たとえ，これらの価値観が利益に結びつかなくなり，逆に，それによって不利益を被るようになったとしても，百年間にわたって守り続けていくべきものはどれか．逆に，これらの価値観を掲げていては不利になる環境になった場合に，変更でき，捨て去るものはどれか」によって取捨選択しなければならないという（Collins and Porras, 邦訳, 1995：121）．

　また，目的として根本的な存在理由も基本理念に入れている．存在理由は社会的使命でもあり，扱う製品・サービスが変わったとしても，事業領域が変わったとしても，製品・サービスや事業領域に意味を与え，まとめあげるものである．たとえば，デルタ航空の「世界的な航空会社として卓越する」といっ

たように欧米の理念には事業領域ともよべるものも多い．

　理念や規範と業績の関係は，ビジョナリー・カンパニーにおいて指摘されているように，理念が戦略や計画に反映されているか，理念が次世代の戦略や計画を生み出す源泉となるか，さらに今後，戦略や計画がドラスチックに転換してもなお，人びとを支え続けられるか，といった点において業績と結びついていくのであろう．

演・習・問・題

問1　ビジョナリー・カンパニーから理念と戦略の関係を考えてみよう．
問2　ビジョナリー・カンパニーは日本にあるだろうか，探してみよう．

参考文献

Collins, J. C. and J. I. Porras（1994）*Built To Last : Successful Habits of Visionary Companies*, Curtis Brown Ltd.（山岡洋一訳『ビジョナリー・カンパニー——時代を超える生存の鉄則』日経BPビジネスセンター，1995年）

Peters, T. J. and R. H. Waterman（1982）*In Search of Excellence*, Harper & Row.（大前研一訳『エクセレント・カンパニー』講談社，1983年）

ジョンソン・エンド・ジョンソンホームページ
　「わが信条」http://www.jnj.co.jp/entrance/credo.html　あるいは
　「J&J百年史」http://www.jnj.co.jp/entrance/history/history.html

片方善治（1985）『IBM帝国「成長の発想」』講談社

北野利信（1977）『経営学説入門』有斐閣

奥村昭博（1989）『経営学入門シリーズ経営戦略』日本経済新聞社

《推薦図書》

1. Peters, T. J. and R. H. Waterman（1982）*In Search of Excellence*, Harper & Row.（大前研一訳『エクセレント・カンパニー』講談社，1983年）
企業文化が経営学で取り沙汰されるようになった契機となった記念碑的

存在.

2. Collins, J. C. and J. I. Porras (1994) *Built To Last : Successful Habits of Visionary Companies*, Curtis Brown Ltd. (山岡洋一訳『ビジョナリー・カンパニー——時代を超える生存の鉄則』日経BPビジネスセンター, 1995年)

   理念や目的によって導かれる超優良企業に共通する特徴を抽出し, 示唆が大きい.

3. Jones, P. and L. Kahaner (1995) *Say It and Live It : 50 Corporate Mission Statements That Hit the Mark*, Doubleday. (堀紘一訳『世界最強の社訓——ミッション・ステートメントが会社を救う』講談社, 2001年)

   超優良企業がいかに理念や目的によって導かれているか丹念に描かれている.

第8章の要約

　コーポレート・アイデンティティ（corporate identity）は，1970年代にアメリカから導入され，1980年代に隆盛を誇った経営技法である．1990年代に入り，景気が悪化するにつれて，コーポレート・アイデンティティは声高に叫ばれなくなり，現在に至っている．昨今，コーポレート・アイデンティティという言葉を耳にしないのは，経営技法として有効でなかったからではない．むしろ，地方自治体や商店街で導入されていることが物語っているように，経営技法として広く世間に浸透し，日常語となったからである．

　ライフサイクルとしては成熟期にあたるコーポレート・アイデンティティは，決して流行に流される類のものではない．今こそ，コーポレート・アイデンティティの本質を再考する時である．本章では，まずコーポレート・アイデンティティについて，ライフサイクルになぞって導入期から成熟期まで歴史を紐解くことにしよう．今後，展開期を迎えるにあたり，コーポレート・アイデンティティの進むべき道について，コーポレート・コミュニケーションやコーポレート・ブランドという概念も含めて，模索することにする．

第8章 コーポレート・アイデンティティ

1. コーポレート・アイデンティティの歴史

(1) 導入期

　コーポレート・アイデンティティ（corporate identity）は，アメリカで開発されたマーケティング手法である．シンボルマーク，ロゴタイプ，コーポレートカラー，ポスター，パンフレット，パッケージングのデザインを統一することで，ステークホルダー（利害関係者）が個別企業に対して抱くイメージを良好なものにして，広告・宣伝の効果を高める手法であった．コーポレート・アイデンティティという言葉を造ったリピコット・マーグリース社のマーグリース（Margulies, W. P.）が「会社らしさをどう管理するかで，イメージにどう影響を与えることができ，幹部が考えているよりはるかに大きく，良くも悪くも大衆の認知を変えられるのである」と述べている（Margulies, 邦訳, 1978: 107-108）．IBMやミネソタ・マイニング・アンド・マニュファクチャリング・カンパニー（3M），コカコーラなどがコーポレート・アイデンティティを導入した．

　さまざまな分野に進出し，いろいろな製品・サービスを提供するようになると，製品・サービスごとにデザインをばらばらに決めていくのでは効率が悪い．また，ステークホルダーに映るイメージも拡散してしまう．

　1970年代に初めて日本に導入されたコーポレート・アイデンティティも，アメリカのものと同じ，イメージの形成あるいは刷新を狙ったものであった．ハトのシンボルマークのイトーヨーカドー，オレンジのコーポレートカラーのダイエー，㊆のシンボルマークを変えた伊勢丹などスーパーマーケットや百貨店といった全国規模の小売業がコーポレート・アイデンティティを積極的に導入した．

　また，1980年代にかけて，業界の2位や3位にあって業績が芳しくない小岩井乳業やトリオ（現ケンウッド），アサヒビールといった企業が，起死回生を

図表8－1　コーポレート・アイデンティティの系譜

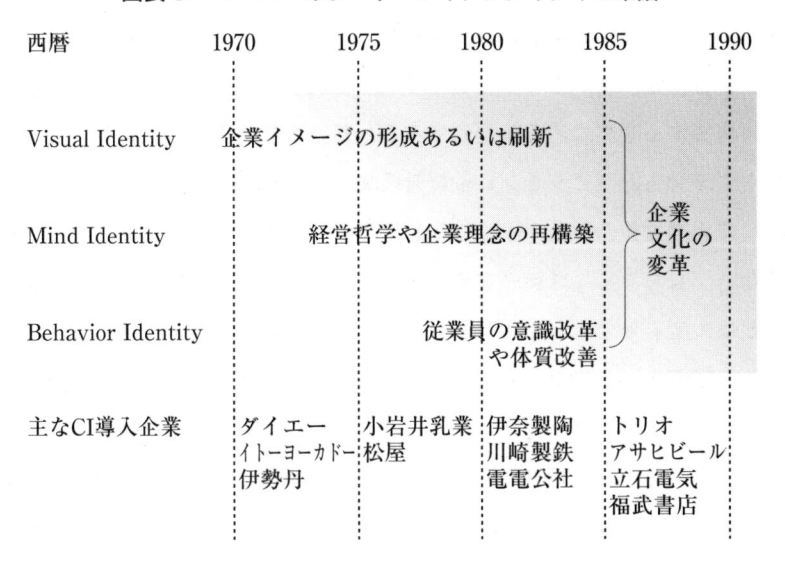

西暦	1970	1975	1980	1985	1990
Visual Identity	企業イメージの形成あるいは刷新				
Mind Identity		経営哲学や企業理念の再構築		企業文化の変革	
Behavior Identity			従業員の意識改革や体質改善		
主なCI導入企業	ダイエー イトーヨーカドー 伊勢丹	小岩井乳業 松屋	伊奈製陶 川崎製鉄 電電公社	トリオ アサヒビール 立石電気 福武書店	

狙ってイメージ・アップ戦略にうってでたのであった．この業界下位の企業が導入したコーポレート・アイデンティティこそが，日本版コーポレート・アイデンティティが生まれる契機となったのである．

(2) 成長期

　デザインを決めていくプロセスにおいて，コンサルタントは経営幹部とデザイン・コンセプトを議論する．コンセプトを抽出する上で参考にされるのが，経営哲学や企業理念である．経営哲学や企業理念は，創業者から代々受け継ぐこともあれば，経営者が自身の知識と経験から構築することもある．リーダーの哲学や理念は，メンバーに全うすべき使命や進むべき方向を示すものである．メンバーにとって指導原理あるいは活動指針となる．メンバーが日々の業務において守るべき指針や規範へとつながるものである．コンサルタントが内部者や外部者にアンケートをとってみると，経営哲学や企業理念が，知られていなかったり，受け入れられていなかったり，世の中とずれてしまっていたりする

ことがわかる(中西・大山,1987).

業績が芳しくない企業がコーポレート・アイデンティティを導入するにあたり,経営幹部は,アンタッチャブルであった経営哲学や企業理念を再確認あるいは再構築する必要に迫られたのである.経営哲学や企業理念の見直しは,少なからず経営方針(ビジョン)や経営戦略(ストラテジー)の立て直しにつながる.業界の2位,3位に甘んじる企業の多くは,価格以外で勝負しなければならない.もちろん,ステークホルダーが抱くイメージを形成あるいは刷新することは大変有効であった.しかし,あくまで方針や戦略の転換と軌を一にしてこそ意味があったのである.経営哲学や企業理念まで扱うコーポレート・アイデンティティは,マーケティング手法の範疇を超えるものとなった.

さらに,イメージの形成や刷新によって,ステークホルダー,なかでも消費者に名前がよく知られるようになると,メンバーのモラールやロイヤリティが上がる効果があることが次第にわかってきた.最前線で消費者と接するメンバーは,消費者の視線や態度の変化に敏感である.メンバーは,理念や哲学の変化という内側からの変化と,(消費者の)視線や態度の変化という外側からの変化を感じることができたのである.

メンバーのモラールやロイヤリティの向上はあくまで結果であったが,メンバーの意識改革や体質改善をはじめから掲げ,コーポレート・アイデンティティを導入する企業が現れた.既存事業にしがみつくことを止め,勇猛果敢に新規事業への進出を狙う川崎製鉄やブリヂストン,伊奈製陶(現INAX)など,日本有数の大企業である.メンバーの危機意識が希薄で,変革を嫌う保守的な体質で,新規事業開発が困難を極めていたのである.リーダーが変革の旗印をいくら一生懸命振っても,特別なことはしたくない,変化はめんどくさい,できるわけがないという気持ちを変えることはむずかしい.

メンバーの意識改革や体質改善は,メンバーが守るべき規範や標語(スローガン)を決めることを通じてなされた.トップダウンで,哲学や理念からブレークダウンされることもあれば,品質管理サークルのようにボトムアップで

規範や標語を練り上げていくこともある（いずれの場合でも，哲学や理念が説明会や社内報を通じて周知徹底されることが多い）．

(3) 成熟期

　コーポレート・アイデンティティは，① イメージの形成ないし刷新を意図した視覚的要素の統一というビジュアル・アイデンティティ，② 方針や戦略の転換を意図した経営哲学や企業理念の再確認・再構築というマインド・アイデンティティ，③ メンバーの意識改革や体質改善を意図した規範や標語の作成への取り組みというビヘイビア・アイデンティティと範囲が拡大していったのである．ビジュアル，マインド，ビヘイビアの三位一体のコーポレート・アイデンティティは，企業文化と密接な関わりをもつようになったことは明らかである．

　三位一体のコーポレート・アイデンティティによって，企業文化を変えていこうという試みが，1980年代から1990年代にかけて，立石電気（現オムロン），福武書店（現ベネッセコーポレーション），電電公社（現NTT）などによるコーポレート・アイデンティティの導入においてなされた．社名の変更も辞さない大改革は，既存事業分野から脱却し，新規事業分野に進出する，事業再構築（リストラクチャリング）を断行し，まさに蝉が幼虫から殻を破るように，生まれ変わることである．民営化もしかりである．生まれ変わるような大改革のもと，方針や戦略が変わり，構造や制度が変わり，製品・サービスが変わるだろう．しかし，変わりにくいのが文化である．メンバーに共有される価値や信念である企業文化というソフトの部分が変わらなければ，ハードの部分が変わったとしても，変革は長続きしないのである．

2. 展開期のコーポレート・アイデンティティ

(1) 企業文化を揺さぶり，企業変革に

　三位一体のコーポレート・アイデンティティと企業文化の関係について一歩

踏み込んで検討してみよう.シャイン(Schein, E. H.)のモデルを思い出して欲しい(Schein, 邦訳, 2004).

われわれが文化と理解できるものは,氷山の一角でしかない.シャインが「文物・人工物」とよんだレベルにある態度や行動,制度や儀式,英雄や神話,シンボルマークやロゴタイプといったものは,文化の一部であるが,文化の全体ではない.これら人工物レベルをパズルのようにつなぎあわせていくと,意味するものがみえてくる.リーダーがメンバーに示す,哲学や理念,方針や戦略,規範や標語をシャインは「標榜されている価値」とよんだ.しかし,価値レベルでは終わらない.なぜならば,リーダーが示す価値や信念が必ずしも受け入れられるわけではないからである.リーダーが示す価値や信念は,日々の業務の中でメンバーによって幾度となく試験される.試験にパスし,生き残っ

図表8-2 コーポレート・アイデンティティと企業文化の関係

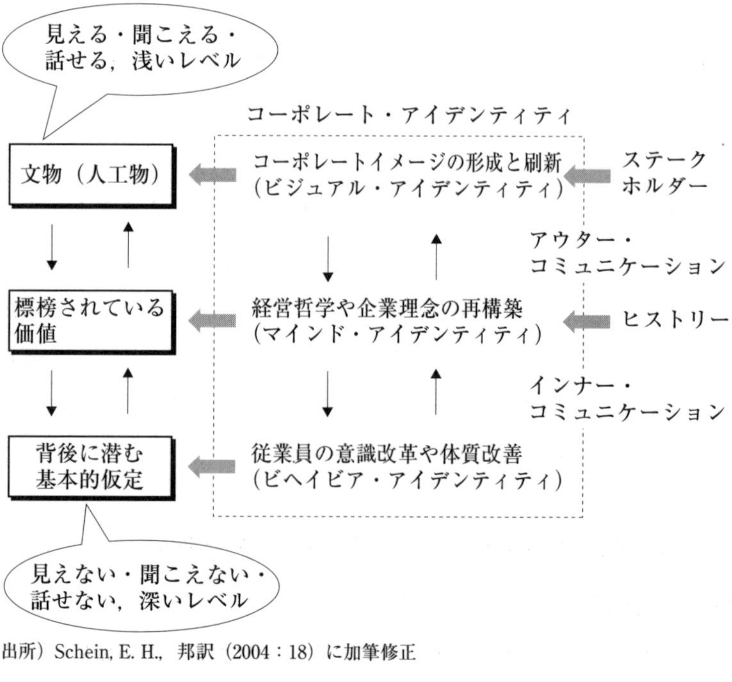

（見える・聞こえる・話せる,浅いレベル）

文物(人工物) ← コーポレートイメージの形成と刷新（ビジュアル・アイデンティティ） ← ステークホルダー

↕ アウター・コミュニケーション

標榜されている価値 ← 経営哲学や企業理念の再構築（マインド・アイデンティティ） ← ヒストリー

↕ インナー・コミュニケーション

背後に潜む基本的仮定 ← 従業員の意識改革や体質改善（ビヘイビア・アイデンティティ）

コーポレート・アイデンティティ

（見えない・聞こえない・話せない,深いレベル）

出所)Schein, E. H., 邦訳(2004:18)に加筆修正

た価値や信念は，揺るぎないものとなる．だんだんと当たり前のこととして，意識されなくなってくる．ついには暗黙の仮定になる．このような価値や信念をシャインは，「背後に潜む基本的仮定」と名づけた．

「文物・人工物」がビジュアル・アイデンティティ，「標榜された価値」がマインド・アイデンティティ，「背後に潜む基本的仮定」がビヘイビア・アイデンティティを意味することが容易に理解できよう．三位一体のコーポレート・アイデンティティは，見える・聞こえる・話せる，浅いレベルから企業文化にアクセスして，見えない・聞こえない・話せない，深いレベルを揺さぶり，地殻変動を可能にするのである．見えない・聞こえない・話せないレベルが変えられないと，リーダーの掛け声だけが虚しく響くことになってしまう．戦略の転換も，制度の変更も，マニュアルの修正も，メンバーをしらけさせてしまうだけである．

リーダーの掛け声だけではなく，メンバーの取り巻く状況が変わったとしたら，メンバーも変わらざるを得なくなる．企業文化を変えていこうという場合，三位一体のコーポレート・アイデンティティは有効である．

(2) コーポレート・コミュニケーション

第1章や第4章で取り上げてきたように，コッターとヘスケット（Kotter, J. P. and J. L. Heskett）は，文化と業績の関係を調査した．調査の結果，環境の変化に適応し，卓越した業績を維持する企業に共通する価値や信念は，① 顧客・株主・従業員（ステークホルダー）への貢献を重視する，② リーダーシップの発揮を尊重する，というものであった（Kotter and Heskett, 邦訳, 1994）．

ステークホルダーの変化をすばやくキャッチし，戦略が転換される．ステークホルダーに貢献する文化が浸透していれば，戦略の転換もスムーズに進むであろう．しかし，当然のことながら，戦略の転換に対する抵抗もある．変革を推進するリーダーシップが必要である．

さらに，数々の成功をおさめ，業績が順調になると，ソトのことよりウチのことに関心が向けられ，ステークホルダーはないがしろにされてしまう．リーダーシップよりも，秩序を重んじ，リスクを回避することに比重が移ってくる．すなわち，環境の変化に適応できない文化になってしまう．環境の変化に適応できる文化を維持するためにも，リーダーシップが必要である．

　ステークホルダーへの貢献を重視するということは，別のいい方をすれば，ステークホルダーにとっての価値を大きくすることである．これがコーポレート・ブランドの発想である．

　ステークホルダーを満足させないかぎり，コーポレート・ブランドは確立できない．スタークホルダーが満足すれば，ブランド価値が上昇し，ブランド価値が上昇することで，さらにステークホルダーは満足する．ステークホルダーにとっての価値を大きくするといっても，ばらばらになってしまっては効果が小さい．あくまで，ブランド価値を上昇させるように，さまざまなステークホルダーの価値を大きくしなければならない．

　ブランドには，リーダーが抱く夢やビジョンが託されているという（伊藤，2000）．リーダーが抱く夢やビジョンは，理想像である．ステークホルダーの抱くイメージは，現実像である．理想と現実のギャップをブランドという視点からチェックすることが必要である．理想も変われば，現実も変わる．理想と現実のはざまにコーポレート・ブランドが展開される．

　ハッチとシュルツ（Hatch, M. J. and M. Schultz）は，コーポレート・ブランドの要素をビジョン，企業文化，イメージとする（Hatch and Schultz, 邦訳，2001）．ビジョンと企業文化，企業文化とイメージ，イメージとビジョンのギャップが診断される（図表8-3）．これらの要素は，ばらばらに存在しているのではない．どこから手をつければよいのか，ケース・バイ・ケースであろう．いずれにせよ，ブランドを最大にするという目的から，ギャップが埋められなければならない．ハッチとシュルツのアイデアは，まさに，三位一体のコーポレート・アイデンティティである．

図表8-3 コーポレート・ブランドの構築のために

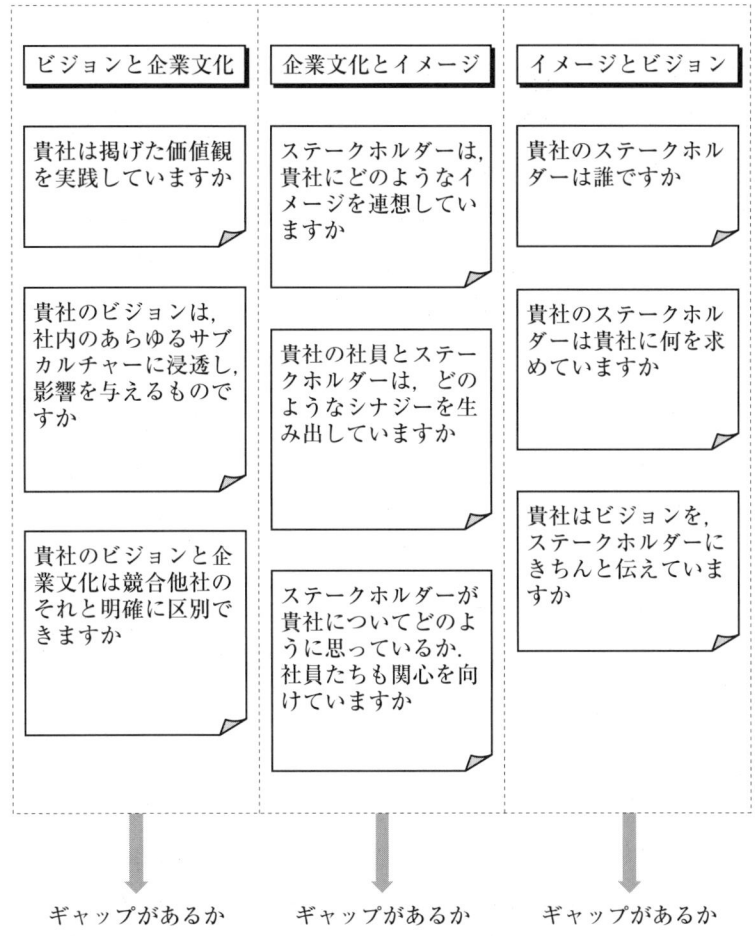

ビジョンと企業文化	企業文化とイメージ	イメージとビジョン
貴社は掲げた価値観を実践していますか	ステークホルダーは，貴社にどのようなイメージを連想していますか	貴社のステークホルダーは誰ですか
貴社のビジョンは，社内のあらゆるサブカルチャーに浸透し，影響を与えるものですか	貴社の社員とステークホルダーは，どのようなシナジーを生み出していますか	貴社のステークホルダーは貴社に何を求めていますか
貴社のビジョンと企業文化は競合他社のそれと明確に区別できますか	ステークホルダーが貴社についてどのように思っているか，社員たちも関心を向けていますか	貴社はビジョンを，ステークホルダーにきちんと伝えていますか
↓	↓	↓
ギャップがあるか	ギャップがあるか	ギャップがあるか

出所）Hatch, M. J. and M. Schultz, 邦訳（2001）をまとめた

　リーダーとメンバーだけではなく，ステークホルダーとのコミュニケーションが，文化を変えていくためにも，あるいは，ブランドを作っていくためにも必要であることが理解されよう．コーポレート・アイデンティティは，コーポレート・コミュニケーションとして議論できるのである．

(3) アイデンティティの確立

　コーポレート・アイデンティティの導入が，メンバーのモラールやロイヤリティの向上という意外な効果をもたらした．意識改革や体質改善のきっかけになったのは，メンバーのアイデンティティに変化があったのであろう．ここまで，アイデンティティという概念を問うてこなかった．

　アイデンティティとは，過去から現在，未来に向けて，自分が誰であって，どうなっていくか，自分自身に対する問い掛けである．心理学者のエリクソン（Erikson, E. H.）は，幼児期から少年期を経て，青年期にアイデンティティの問題にぶつかるとした．

　アイデンティティとは，まさに「存在証明」ともよべるものであるが，興味深いことに，自分が自分であるという証明は，自分ではできないことである．自分が自分であることは，国家など団体に所属する形で証明される（たとえば，旅券）．

　エリクソンの指摘するアイデンティティは，自分が自分である「感覚」であるが，自分自身について，内側から認知するだけではなく，外側から是認されなければならないという（Erikson, 邦訳, 1973）．

　まったく面識がない相手と話しているうちに，出身や母校が同じだとわかると，親しみがわいてきて，会話がはずむという経験をしたことがあるだろう．実験でも証明されており，人間には，自分が所属する集団（内集団）を優遇して，所属しない集団（外集団）を冷遇する傾向があることがわかっている（内集団ひいき）（Hogg, M. A. and D. Abrams, 邦訳, 1995）．内集団ひいきが意味するものは，人間は，自分自身を所属する集団によって定義している，ということである．

　すなわち，アイデンティティには，他者とは違う独自の存在として自分自身を定義する個人的アイデンティティと，所属する集団に基づき他者と同様の存在として自分自身を定義する社会的アイデンティティがある．個性化とともに，社会化がなされるのである．

コーポレート・アイデンティティは，社会的アイデンティティを刺激するものとして考えられる．自分が所属する集団が，所属しない集団と違えば違うほど，あるいは，自分が所属する集団の特徴をはっきりと示すことがら（英雄など）があればあるほど，社会的アイデンティティは刺激を受ける．したがって，コーポレート・アイデンティティは，組織だけではなく，個人にも影響を与えるのである．

　自分が所属する集団の特徴をはっきりと示すことが必要になってきた背景には，既存のモノサシで所属する集団の特徴を言い表すことができなくなったからである．たとえば，市場によって，技術によって，商品によって，業界によって，あなたの会社のやっている活動の領域や範囲を適切に言い表すことができるだろうか．「わが社の事業とは何か」という問いに答えることは意外とむずかしい（ドメインの定義）．おそらく，モノサシも自分自身で考えなければならないのであろう．

　モノサシを自分自身で考えるとするならば，ひとつ問題が出てくる．モノサシそのものが共有されなければ，人びとに集団の特徴を理解してもらうことは不可能である．モノサシにあたるものが，理念や哲学である．すなわち，理念や哲学が共有されなければ，進まないのである．

　組織のアイデンティティという点からすれば，エリクソンの指摘に従うと，ステークホルダーにも是認されなければ，アイデンティティは確立されない．アイデンティティを確立するためには，理念や哲学というモノサシが，ステークホルダーにも共有されなければならない．

3. 課　題

　コーポレート・アイデンティティを今日の経営環境に照らして検討するといくつか課題が浮き彫りになる．以下に課題をあげ，コーポレート・アイデンティティの潮流を検討する．

① 逆機能の問題

コーポレート・ブランドの議論にあるように，リーダーによる哲学や理念，メンバーの思考や行動の様式，ステークホルダーによるイメージにギャップがなければ，業績は上がるだろう．もちろん，ギャップが生まれれば，業績が下がり，変革の契機が訪れたことになる．しかし，簡単にはいかない．

リーダーによる哲学や理念が隅々まで行き渡り，メンバーに共感をもって理解され，思考や行動の様式も安定すると，うまくいかなくなったからといって，おいそれと変えられるものではない．変化への抵抗も根強い．文化が強力であればある程，変化に脆弱なのである（企業文化の逆機能）．文化が脆弱であったほうがまだましかもしれない．

逆機能の問題は，コーポレート・アイデンティティにも影を落とすものである．

② ガバナンスの問題

1990年代は大企業の倒産が相次ぎ，毎日，企業不祥事が新聞を賑わせ，企業への信頼が失墜した．企業は真剣に企業統治，すなわちコーポレート・ガバナンスの問題に取り組まなければならず，ステークホルダーへの情報開示（ディスクロージャー）と説明責任（アカウンタビリティ）が必須となった．また，法令遵守（コンプライアンス）の立場から，メンバーに対する規範や指針を徹底するとともに，ホームページなどで明示することが望ましい．

コーポレート・ブランドについても，ガバナンスの問題を考慮することは大切である．嘘や偽りによってブランドは奈落の底に落ちてしまう．正直さや誠実さは，たとえ一時的にマイナスがあったとしても，ブランドを必ず復活させる（第7章のジョンソン・エンド・ジョンソンのタイレノール事件を参照のこと）．

③ インターネットの普及の問題

インターネットの爆発的な普及により，マス・マーケティングからワン・トゥ・ワン・マーケティングへと突入したといってよいだろう．ソフトウェアの世界では以前から，開発段階から顧客の意見をどんどん取り入れ，顧客とと

もに商品を完成させていくという開発方式がみられた．ハードウェアの世界でも同様の開発方式が可能になってきた．顧客，取引業者，関係省庁との共同制作・合作（コラボレーション）が可能になるためには，情報公開と説明責任による信頼力，オリジナリティ溢れる企業文化による商品魅力，従業員の誠意と情熱による原動力が必要不可欠であろう．コーポレート・コミュニケーションに成否がかかるのである．

④　数値化の問題

コーポレート・アイデンティティは測定しにくいため，コントロールが非常にむずかしい．伊藤邦雄と日本経済新聞社は，コーポレート・ブランドを測定する手法を考案している（伊藤，2002）．コーポレート・ブランドの測定は，アドバンテージとレバレッジの積で表される．

アドバンテージは，潜在的なブランド・パワーである．顧客・株主・従業員について，おのおの，プレミアム（ステークホルダーの質）×認知（ステークホルダーの量）×忠誠度（継続と安定）から，アドバンテージを算出する．しかし，アドバンテージは，あくまで潜在的なものであり，顕在化して，キャッシュフローを創造しなければならない．そのためには，ビジネスモデルがあるかどうかといった活用力とビジネスチャンスがあるかどうかといった活用機会が必要である．これがレバレッジである．

⑤　タテマエと本音の問題

コーポレート・アイデンティティにつきまとう根本的な問題である．シャインがあげた価値と基本的仮定の関係は，タテマエと本音の関係でもある．コーポレート・アイデンティティでさえも，リーダーによる理念や哲学といったタテマエがメインで，メンバーの価値や信念といった本音がサブになってしまう．

リーダーがタテマエではなく，本音で訴え掛け，行動によって示さなければならないであろう．リーダーの背中は雄弁なのである．さらに，メンバーのホンネを探ることも大切である．製品・サービスがヒットするなど，きっかけを作って，タテマエと本音を接近させる努力を続けなければならないだろう．

演・習・問・題

問1 コーポレート・アイデンティティを導入すると,どのような効果があるか,検討してこよう。
問2 コーポレート・ブランドについて具体例を探してみよう。
問3 所属する組織について,「われわれの組織は…」という文章を20個考えてみよう（参考：金井壽宏『ニューウェーブ・マネジメント』創元社,1993年）。

参考文献

Erikson, E. H. (1959) *Identity and the Life Cycle*, International University Press.（小此木啓吾訳編『自我同一性―アイデンティティとライフサイクル』誠信書房,1973年）

Hatch, M. J. and M. Schultz (2001) "Are the Strategic Stars Aligned for Your Corporate Brand?", *Harvard Business Review*, Feb. 1.（平野和子訳『ビジョン』『企業文化』『イメージ』を整合するコーポレート・ブランドの戦略的価値,『ダイヤモンド・ハーバード・レビュー』7月号,ダイヤモンド社,2001年）

Hogg, M. A. and D. Abrams (1988) Social Identifications, Routledge.（吉森護・野村泰代訳『社会的アイデンティティ理論』北大路書房,1995年）

Kotter, J. P. and J. L. Heskett (1992) *Corporate Culture and Performance*, Free Press.（梅津祐良訳『企業文化が高業績を生む』ダイヤモンド社,1994年）

Margulies, W. P. (1977) "Make the Most of Your Corporate Identity", *Harvard Business Review*, Jily-Aug.（三田村和男「企業と社会を結ぶコーポレート・アイデンティティ作戦」『ダイヤモンド・ハーバード・レビュー』Jan-Feb, 1978年）

Schein, E. H. (1999) *The Corporate Culture Survival Guide*, Jossey-Bass Inc.（金井壽宏監訳・尾川丈一・片山佳代子訳『企業文化―生き残りの指針』白桃書房,2004年）

伊藤邦雄（2000）『コーポレート・ブランド経営―個性が生み出す競争優位』日本経済新聞社

伊藤邦雄「隠れた競争優位の源泉を可視化するコーポレート・ブランドの評価と戦略モデル」『ダイヤモンド・ハーバード・レビュー』March, 2002年

中西元男・大山茂夫（1987）『CI 革命』朝日ブックレット，朝日新聞社

――――《 推薦図書 》――――

1. 深見幸男（1991）『CI 入門』日経文庫，日本経済新聞社
   コーポレート・アイデンティティについてわかりやすく解説されている．
2. 中西元男・大山茂夫（1987）『CI 革命』朝日ブックレット，朝日新聞社
   コーポレート・アイデンティティの第一人者が語る歴史には含蓄がある．
3. 境忠弘（1991）『企業変革と CI 計画』電通
   コーポレート・アイデンティティのさまざまな手法を詳しく紹介している．
4. 財団法人企業活力研究所（1987）『CI と企業活力に関する調査研究』財団法人企業活力研究所
   コーポレート・アイデンティティの効果に関する調査がまとめられている．
5. 佐藤郁哉・山田真茂留（2004）『制度と文化―組織を動かす見えない力』日本経済新聞社
   アイデンティティを真正面からとらえ，組織アイデンティティ論を展開する意欲作．

第IV部
グローバル企業文化

- 第I部　企業文化
- 第II部　組織ライフサイクルと企業文化
- 第III部　経営理念と行動規範
- 第IV部　グローバル企業文化
  - 第9章　国民文化と異文化コミュニケーション
  - 第10章　企業文化の国際比較
  - 第11章　グローバル企業文化の構築
- 第V部　企業文化の倫理性・社会性

企業文化
コーポレートカルチャー

第9章の要約

　グローバル企業の生存は，考え方や価値観の違う人びとが相互に協力して仕事をしていけることに大部分依存している．それゆえに，異なる言語や文化的背景をもつグローバル企業の従業員たちにとって，どうすれば共通性または相似性のある価値観を持ち合い，あるいは異なる価値観間のギャップを縮小して相手の異なる価値観を理解しあい，コミュニケーションを行うか，ということは重要な課題となっている．それらを解くために，まず他の国民の考え方が自分たちとどういう点で違っているのかについて，理解しなければいけない．

　本章ではまずグローバル企業文化の価値観の基底にある国民文化の相違性の分析測定方法を紹介し，そして相手に意思伝達する際に言語の裏側に隠れたコンテクスト（背景，状況）を考察する．その上で，異なる国民文化や価値観をもつ人びと（グローバル企業の従業員を含め）が円滑にコミュニケーションをとるためには，相互に価値観を理解し合うことがいかに重要かを認識した上で異文化コミュニケーションを行う際に注意すべき基本的な問題と姿勢を検討していきたい．

第9章　国民文化と異文化コミュニケーション

　企業は事業がグローバル化されるにつれ，各国の国民文化との遭遇を余儀なくされている．また，人びとの価値観の根底には文化が存在する．異なる国民文化をもつグローバル企業の従業員は異なる価値観をもっている．したがって，企業文化の核心となる価値観は，従業員の属する国民文化に強く影響されるわけである．

　グローバル企業の生存は，考え方や価値観の違う人びとが相互に協力して仕事をしていけることに大部分依存している．それゆえに，異なる言語や文化的背景をもつグローバル企業の従業員たちにとって，どうすれば共通性，または相似性のある価値観を持ち合い，あるいは異なる価値観間のギャップを縮小して相手の異なる価値観を理解しあい，コミュニケーションを行うか，ということは重要な課題となっている．これらの問題を解決するために，まず他の国民の考え方が自分たちのそれとどういう点で違っているのかについて，理解しなければいけない．

　また，文化とコミュニケーションの間には密接な関係が存在する．人間の文化はコミュニケーションを通じて発達してきた．そして，文化はコミュニケーションを通して，世代から世代へと受け継がれる．逆にいえば，コミュニケーションの様式は文化によって規定されている．

　本章ではまずグローバル企業文化の価値観の基底にある国民文化の相違を分析し，測定する方法を紹介し，そして相手に意思を伝達する際に言語の裏側に隠れたコンテクストについて考察する．異なる国民文化や価値観をもつ人びと（グローバル企業の従業員を含め）が円滑にコミュニケーションするには，相互の価値観を理解し合うことがいかに重要かを認識した上で，異文化コミュニケーションを行う際に注意すべき基本的な問題と姿勢を検討していきたい．

1. ホーフステッドによる国民文化差異の比較分析

　ホール（Hall, E. T.）によると，「文化とは一個の人間集団の生き方，すなわち彼らが身につけた行動の型や態度や，物質的なものの全体を意味してきた」（Hall, 邦訳，1966：39）．ここでの「一個の人間集団」をひとつの国としてみると，人びとの生き方や価値観はその国民文化によって異なってくると解釈されるのも不自然ではない．

　企業文化の特質は従業員のもつアイデンティティや価値観，とくに価値観に深く関わる文化に密接に関連している．たとえば，仕事に関する価値観ひとつとっても，文化のもたらす差異によって，多種多様なものがある．すなわち，思考と行動の様式の差異は文化の根底をなす志向性や価値観に起因するのである．したがって，グローバル企業文化を考える際に，まず各国の文化間に存在する類似性と差異性を理解する必要がある．

　さまざまな国の国民の志向性や価値観の差異を解明し，分類したさまざまな研究があるが，もっとも評価された研究はホーフステッド（Hofstede, G.）の研究であろう．ここでは国民文化比較研究の先駆者である，ホーフステッドの研究調査分析について多少詳しく紹介していきたい．彼はまず文化に基づいて組織に関連する価値には4つの次元があると想定し，それぞれの4つの国民文化次元の測定指標を見出した．1968年前後と1972年前後の2回にわたって，世界各国に子社をもつアメリカの巨大グローバル企業の40子社を対象に質問調査・分析を行い，国民文化の差異を明らかにした．

　ホーフステッドは，文化を「1つの人間集団の成員を他の集団の成員から区別する人間心理の集合的プログラムである」と定義している（Hofstede, 1980：12）．彼は文化を独立変数として扱い，文化をその国民社会が共有している集合的プログラムとみなしている．ホーフステッドはグローバル企業内において各国の国民文化差異が存在すると考える．これを明らかにするために，グローバル組織に関連する4つの主要価値次元を理論的かつ統計分析によって，

提示している．この4つの価値次元とは「権力の格差」「不確実性の回避」「個人主義化」「男性化」などである．これらの測定指標として，それぞれを権力格差指標，不確実性回避指標，個人主義化指標，男性化指標と設定した．これら4つの国民文化に関する価値次元の測定指標とその分析結果は次のようにまとめられる（Hofstede，邦訳，1984：69-280）．

① 権力格差測定指標とその分析結果

権力格差の次元は，人間の不平等という問題を基本的な争点にしている．不平等は威信，富，権威などさまざまな領域に存在しているが，この問題への認識と取り扱い方は各々の社会によって異なる．組織内部でも権力に関する不平等が存在する．

権力格差指標は企業組織内部に上司と部下の間に存在する権力の格差を測定する基準である．この指標は3つの質問に対する各国の平均得点から構成される．すなわち，第1に，自分の上司の意思決定スタイルについての認識，第2に，上司に反対する意見を述べる自由度への認識，第3に，部下が理想的と考える管理スタイル，などである．権力格差指標の得点は，職種によって非常に異なっているが，性別による違いは一貫していない．

権力格差指標について地理的・経済的・人口学的国民指標，国の教育制度，歴史的要因などとの関連を分析した結果，国ぐにの間でこれらの差異をもたらす因果関係が明らかとなった．すなわち，権力格差規範は各国の政治制度，宗教生活，哲学的思考および概念形態に差異をもたらし，これらによって生み出された国民文化の違いが権力格差規範に戻され，規範を支えている．

② 不確実性回避測定指標とその分析結果

不確実性の回避指標は，各国民が不確実性（曖昧さ）に対する受容度を測定する基準である．不確実性への受容度は，各国文化によってかなり異なっている．現実社会において企業も人間の生活も未来に関する不確実性をつねにともなっており，不確実性を克服する行動を必要とする度合いは人によって異なる．不確実性に対する受容度は，個人のパーソナリティ要因と文化的要因の両方に

関連する．その受容度の測定指標は規則遵守の性向，雇用の安定性を求める傾向，ストレス水準の3つから構成され，この3つの質問に対する各国の平均得点から算出されている．

　不確実性への受容度の測定指標による調査結果では次のようなことが明らかになった．すなわち，1) 不確実性の測定指標値によって職種を区別することができない．不確実性の回避について性別の差はわずかなものであるが，回答者の平均年齢との間には，明確に関係がみられる．2) 各国の不確実性回避得点と，7つの地理学的・経済学的・人口学的指標との相関程度は，豊かな国と貧しい国との間に差異が大きい．また，経済が高成長している国ほど，不確実性回避得点も高い．3) 不確実性回避指標は，その国の歴史的な諸要因に関連するほかに，各国の政治制度および市民の権利・法律の体系にも関連している．4) 不確実性回避の得点は，その国の信仰する宗教や，科学へのアプローチのちがいとも関連する．理論的アプローチが重視される国では不確実性回避得点が高いが，経験的でプラグマティックなアプローチが重視される国では不確実性回避得点が低くなる．

　不確実性回避の得点が組織に与える影響について次の事実が明らかになった．不確実性回避得点の高い国の組織において，活動の構造化や成文規則がより多いことである．このことは規則遵守の傾向や法律の体系化への要求がこれらの国に強く存在するとの事実と一致している．このことは，これは不確実性回避指標値の高い国の組織において，専門職を目指す人が多いという事実にも一致している．また，不確実性回避得点の高い国において，組織の標準化が進んでいるのに対して，不確実性回避得点の低い国では，多様な組織モデルが受け入れられている．たとえば，フランスとドイツの経営幹部はイギリスの経営幹部よりも，仕事の細部に関する良質の情報を欲しがった．イギリスの経営幹部は経営戦略の立案に没頭していた．

　さらに，不確実性回避得点の高い国の管理者たちは仕事重視の傾向が強く，不確実性回避指標値の高い組織の中では，組織における種々の形態の儀礼的行

動がよくみられることなどもわかってきた.

③　個人主義測定指標とその分析結果

　国民文化の第3次元である個人主義化次元は，各国に一般的に存在する個人と集団の関係パターンを記述するものである．この次元は核家族・拡大家族・部族のような共同生活の様式の中にあらわれている．個人主義化指標および男性化指標は，14項目から構成する「仕事の目標」という質問に対する各国の平均回答得点から算出されている．仕事の目標は，主に個人の時間，自由，やりがい，技能の発揮，作業環境，訓練など6項目に基づいている．

　個人主義化指標において，従業員が一般的に「個人の時間」を大事にする願望（自分や家族の生活に対する十分な時間的余裕を望むことが強く示されているが，「訓練」すること（技能向上や新技術習得のための訓練の機会が多いこと）にはそれほど重視されていないことがわかった．

　この調査分析に使われる因子は，組織からの独立性を強調する目標と，独立性を強調する目標を対立させているので，この因子を「個人主義—集団主義」の因子とよぶことにする．各国にこの因子得点を使用し，国別の個人主義化指標が算出されている．

　個人主義化指標の値のもっとも高い順位は，最高値のアメリカ，次にはオーストラリア，そして3番目のイギリスである．逆にもっとも低い順位からの並びは最低のベネズエラ，2位のコロンビア，3位のパキスタンである．このことは個人主義指標と権力格差指標に関連があることを示唆している．権力格差指標において，これらの国はちょうど正反対の位置を占めている．すなわち，権力格差指標の高い国には（最高のベネズエラ，2位のコロンビア，3位のパキスタン）個人主義指標が低い傾向にみられる．権力格差指標の低い国（最低のアメリカ，2位にあるオーストラリア，3位にあるイギリス）には個人主義指標が高い傾向にみられる．といっても，つねにそうであるとは限らない．ヨーロッパのラテン諸国とくにフランスとベルギーでは権力格差も大きく，個人主義化も進んでいる．オーストリアとイスラエルでは権力格差が小さいが，

個人主義化は平均的であるにすぎない．

　また，個人主義化指標は各国の仕事目標得点に基づき，職種間の比較により「個人主義的である」という分類はできないのである．仕事目標に示される性別間の差は，価値システムの「男性化」の問題と深く関わるのであろう．年齢による仕事目標の違いは世代間の差と関連している．

　グローバル企業にとって，世界各地域の子会社で働く従業員の多様な個人主義の水準に対応することは，今日でも解決しなければいけない問題となっている．

④　男性化測定指標とその分析結果

　国民文化の差異を測定する4番目の次元は，男性化―女性化の次元である．男性―女性という性の区別の方法や両性に求める役割は国によって異なる場合もあるし，相似の場合もある．両性の役割分配について，多くの社会に一般的にみられるパターンは，男性に自己主張的役割を求め，女性に養育的役割を求めるものである．男性化測定指標は仕事目標の重要性に関して，最初に22，後に14の質問項目に対する回答から算出されている．そして性別の差異と職種間の差異とを混同しないようにするために，同じ職種につく男性と女性とを比較し，男女別の仕事目標の重要度得点を算出した．

　男女間の得点の差を比較した結果，次のような男女間の相違が見出された．すなわち，男性は昇進，収入，訓練，時代の先端をいくことを重視する一方で，女性は仲の良い雰囲気，地位の安定性，物的条件，管理者，協調などを重視する．

　男性化指標の高い国ぐにでは，同様な仕事に従事する男性と女性との間に，価値観の違いが明らかにみられる．また，男性化指標値の高い国には「仕事中心主義」の程度が高い．男性化指標は，豊かな国で専門職と技術職に占める女性の割合が低いことに関連する．男性的な文化において，従業員は承認・昇進・挑戦の機会を求めるが，女性的な文化では，協調と職場の雰囲気が強調されるであろう．

ここまで国民文化の4つの次元について，それぞれを記述・分析してきた．各次元を分離して考察するのはそれぞれの次元の特徴を明確にあらわすためである．実際に現状ではこれらの国において4つの次元が他の次元と相互に作用しあっている．たとえば権力格差指標と不確実性回避指標との相互作用によって各国民の好む組織の理想像が異なってくる．

　各国民の心に抱いている組織の理想像は，グローバル組織の構造と機能にも影響を与えている．それはグローバル企業文化と密接に相互影響している．また，不確実性回避指標と男性化指標との相互作用によって，人びとの動機づけのパターンが異なってくる．各国民の動機づけパターンの違いによって仕事上でそれぞれの行動パターンの違いが生まれてくる．それは企業文化の行動様式に影響を与える．

　グローバル企業にとって組織の活力を高めるためには，従業員おのおののもつ国民文化に適応し，さらに国民文化の枠を超えて，全従業員が好ましい企業文化を形成するように努力していかなければならない．

2. コミュニケーションとコンテクスト

(1) コミュニケーションとコンテクストとの関連づけ

　人びとが自らの意思を相手に伝える，すなわちコミュニケーションを行う際に，まず使用されるのは話し言葉である．しかし，聞き手が話し手の属する文化，あるいは副次文化（サブ・カルチャー；下位文化ともいう）をよく知らなければ，その話の意味するところを正しく理解することができない．実際に人間同士が言葉の意味を理解する際に，まず完結したコミュニケーション体系が必要である．この完結したコミュニケーション体系とは，「言葉，行為，姿勢，身振り，声の調子，顔の表情，それに時間，空間，ものの扱い方，仕事のやり方，遊び方，求愛の仕方，身の守り方などである」(Hall, 邦訳, 1979：57). そして，こういった事柄の背後には，文化的なコンテクストが隠されている．話し手の文化的なコンテクストに熟知して，初めてその話の意味を正しく読み取

ることができる．

　人間のすべての行為は，学習によって形づくられたものであり，それこそ順応性に富んだものなのである．一方，これらの行為の型や慣習的な反応や相互作用の仕方などは，いったん習得して身につけると，次第に意識の表面から消えてしまい，人間の深層に潜みこみ，人間の深層で操作するようになる．このかくれた操作はあまりにも一般的で習慣的に行われているので，このことに対して人びとは意識さえしていない．これはその後にコンテクストとなるものである．

　文化もコミュニケーションも言語に依存している．言語は人の考えや意思を丸ごと他の人に移せるものではなく，情報を整理するシステムであり，意思や情報を他人に伝える媒体である．伝わってきた言語の意味を解釈する役割を担っているのは言語だけではなく，コンテクストにもある．コンテクストを抜いてしまうと，解釈された意味が不完全になる．

　どんな場面であれ，話の内容がいかんであれ（仕事，交友，研究），会話において，相手が何を考慮に入れ，何を入れないかがわかっていなければ，理解しあえることができない．この肝心なものとは言語の背後にかくれたコンテクストにある．人間のコミュニケーションからすべての相互行為まで，コンテクストは計り知れないほどの役割を果たしている．ホールはコンテクストを意味と関連づけて論じ，コンテクストを低コンテクストと高コンテクストに分類している．

(2) 高コンテクスト文化と低コンテクスト文化

　ホールによると，ハイ・コンテクスト（high-context）文化とはアメリカ・インディアン文化のように，人びとが互いに深くかかわりあっている文化である．こうした文化は簡単なメッセージであっても深い意味をもって伝わってゆく．対してロー・コンテクスト（low-context）文化とは，スイスやドイツのように，個別化の度合いが強く，ある意味で疎外され，分断化されている文化で

ある．こうした文化において，人びとがかかわりあうことは比較的に少ないのである（Hall，邦訳，1979：52）．

コンテクスト度の高いコミュニケーションにおいて，情報の大部分が身体的なコンテクストの中にあるか，または個人に内在されており，明確に伝達される情報量が非常に少ない．コンテクスト度の低いコミュニケーションは，全く反対である．すなわち，明確に伝達される情報量は多いのである．したがって，同じ意味を伝達する場合に，コンテクスト度の高いコミュニケーションは，コンテクスト度の低いコミュニケーションより，簡潔で時間がかからない（図表9－1を参考）．

コンテクスト度の高い文化の特徴は，人びとを結びつけ，結束させる作用があり，寿命が長く，変化しにくく，安定を求める．コンテクスト度の低いコ

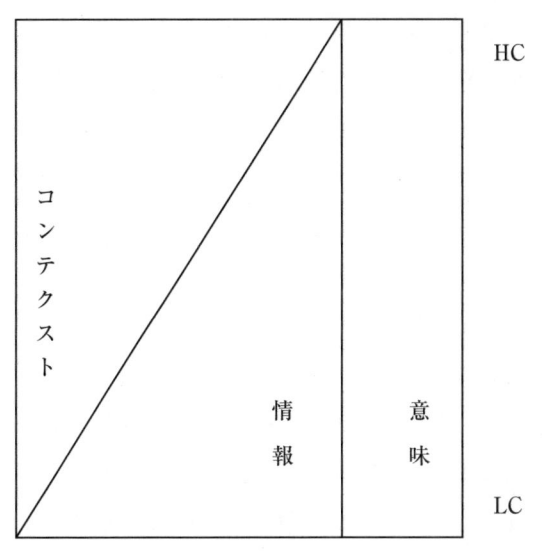

図表9－1　コンテクストと情報・意味との相関関係

HC　高コンテクスト
LC　低コンテクスト

出所）Hall, E. T., 邦訳（1979：119）

ミュニケーションは，結びつける作用がなく，変化しやすいもので，適応や変化を求める．

　コンテクスト度の高い文化をもつ国もあれば，低い文化をもつ国もある．アメリカ文化のコンテクスト度はかなり低いほうであるが，日常生活のことからいえば，ドイツ系スイス人，ドイツ人，スカンジナビア人より比較的高い．中国は複雑な文化をもっているが，コンテクスト度はきわめて高い．中国の漢字をみれば，コンテクスト度の高いものであることが明らかになる．日本も高コンテクスト文化に属する（Hall, 邦訳, 1979：105-119）．

　グローバル企業では2つの典型的なコンテクスト度の文化，すなわちハイ・コンテクスト文化とロー・コンテクスト文化が交じり合っている．コンテクスト度の違いは行動様式に無意識のうちに大きな差異をもたらしている．文化のコンテクスト度によって，ビジネスや日常生活上で慣習や交渉の際によく直面する大きな行動上の違いは，おおよそ次の2つにまとめられよう．

　まず時間をどの過程で費やすかについてハイ・コンテクスト文化とロー・コンテクスト文化では異なることである．典型的に2つのパターンがある．ひとつは人びとを知るにあたって，初めに時間をかければ，後にはその分だけ節約できるパターン，いわばハイ・コンテクスト文化である．なぜなら，友人であるならば，いちいち詳しく説明しなくても，短い時間で効率よく事を運ぶことができるからである．その逆の場合には，知り合い初めに時間をかけずに，物事を運ぶときにすべてスケジュール通りに行動するパターン，いわばロー・コンテクスト文化である．

　もうひとつはコンテクスト度合いの異なる相手と接触する際に，互いの言語や情報の意味をどこまで正確に読み取れるかの問題である．一般的に，ハイ・コンテクスト文化では，個人個人の関係においてかなり親密なつながりが要求されるものであり，より広い文化的共通性をもち，そのシステムに精通している場合にのみ，予測の可能性が増大することになる．自分の文化のコンテクスト度とは異なるものが存在することを知らずにいると，未知のハイ・コンテク

スト文化は全く不可解なものとなってしまう．

　ある意味ではコンテクストとは，物事のひとつの見方にすぎない．しかし，その違いを考慮に入れないと，いろいろな問題が生じやすくなる．グローバル企業では異なる文化に属する人びととの出会いが頻繁である．対立する多様な文化を衝突しないためにも，共通な行動規範や行動様式を形成するためにも，言語，情報，行動の背後にかくれたもの，すなわち文化のコンテクスト度を認識することが必要なのである．自分の文化を基準にして他の文化をみる傾向は，つねに相互理解の障害となってきており，それはなかなか改められない．

3. 異文化コミュニケーションの定義と研究の基本目的

　異文化コミュニケーションは新しい研究分野で，非常に複雑な要素を含んでいる．サモーバーら（Samovar, L. A. et al.）によると，「異文化コミュニケーションは，メッセージ（message）の作り手（producer）が一つの文化の一員で，メッセージの受け手（receiver）が別の文化の一員である場合にはつねに生じる」（Understanding Intercultural Communication）（Samovar, L. A. et al., 邦訳，1983）としている．また，グディカンストら（Gudykunst, W. B. et al.）によれば，「異文化コミュニケーションとは，異なった文化的背景の人たちの間の意味の付与を含む相互作用的で象徴的な過程である」．

　前者（サモーバーら）はメッセージと送り手および受け手に重点を置き，後者（グディカンストら）は相互作用過程としてのコミュニケーションと言語との象徴する意味の付与に視点を置いている．しかし，両者の共通点は文化的相違を重視するところにある．このように，文化間の差異の問題は，コミュニケーション研究上重要な課題となるといえよう．

　コミュニケーションする際に，どのような様式をとるか，どのような状況で，どの内容をなすべきかについては，国民文化の規範，言語の規範，慣習などによって規定されている．異文化コミュニケーションは国民文化の違いを前提にしているので，言語の背景にある文化固有の価値観，慣習，思考様式，行動様

式などを理解することが不可欠である．一般的には，文化の類似した人間同士のコミュニケーションは相互理解度が高いが，文化の差の大きい人たちのコミュニケーションは相互理解度が低いと認識されている．

異文化コミュニケーションの研究領域は学際的性格をもつために，研究分野の広さと多面性がその特徴である．その研究の基本目的はおおむね次のように3つにまとめられている（石井・岡部・久米，1987：76）．

第1の目的は，空間と時間との両面で縮小しつつある現代世界において，人間の共通課題である異文化相互理解に対する積極的態度の養成と世界的視野に立つ世界観の確立である．この目的を達成するには，自文化とさまざまな異文化の特性を客観的に見通す力を養成し，自文化中心の観点から文化的相違を優劣や高低で評価しないことが大切である．

第2の目的は，異文化との接触に必要な適応力を養成することである．とくに異文化に接触する際に経験するカルチャー・ショックを乗り越えるための対応策の研究は重要になる．

第3には，学校や職場における教育の一部をなす異文化コミュニケーション技能の養成である．留学生，海外派遣者（駐在員），国内の外資系企業およびその関係者などに要求される対人関係，交渉，問題解決技能の養成は当面の課題となる．

異文化コミュニケーションする際に相互理解する影響要素は言語のほかにさまざまあるが，その根源にある主要な影響要素は大別して2つがあると考えられる．今まで述べたように，ひとつは国民文化であり，もうひとつは文化のコンテクスト度である（図表9－2を参照）．というのは，国民文化にはその国の人びとの価値観，思考様式，行動様式などが含まれている．文化のコンテクストにはその国の人びとが送ってきたメッセージを知覚し，解釈する様式が含まれているからである．

異文化コミュニケーションでは，実践能力を重視している．その方法として，異文化コミュニケーション・トレーニングがよく採用される．最近，企業では

図表 9-2 異文化コミュニケーション相互理解への主要影響要素

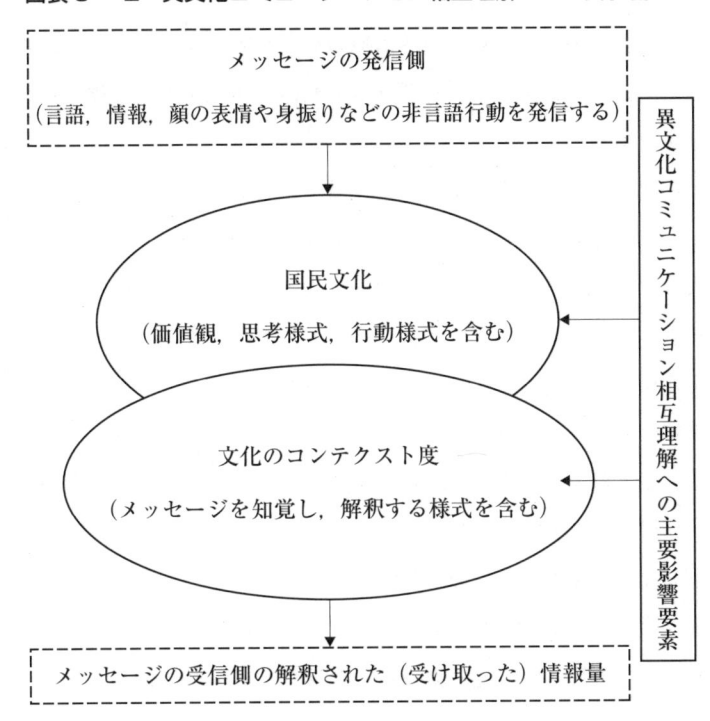

```
┌─────────────────────────────────┐
│      メッセージの発信側              │
│ (言語, 情報, 顔の表情や身振りなどの  │
│  非言語行動を発信する)              │
└─────────────────────────────────┘
            ↓
       ╭─────────────╮
      ╱   国民文化       ╲
     │ (価値観, 思考様式,  │      異
      ╲  行動様式を含む) ╱       文
       ╰─────────────╯        化
       ╭─────────────╮        コ
      ╱ 文化のコンテクスト度 ╲      ミ
     │ (メッセージを知覚し,  │      ュ
      ╲ 解釈する様式を含む) ╱      ニ
       ╰─────────────╯        ケ
            ↓                  ー
┌─────────────────────────────────┐ ション相互理解への主要影響要素
│ メッセージの受信側の解釈された       │
│ (受け取った) 情報量                │
└─────────────────────────────────┘
```

海外赴任者が決まると，彼らに研修を受けさせる．研修の内容は，語学，現地の商習慣，現地の地理，習慣，法律，医療，教育，治安，交通，通信などである．それに加えて，異文化適応スキル，異文化ストレス管理，危機管理，そして異文化コミュニケーションスキルを学ぶこともある．

4. 異文化理解へのとるべき姿勢

　異文化の環境に入ると，いままでの常識がくつがえされる．自分が常識と思っていることが，他の人にとってはそうではなかったり，その逆に他の人の常識が自分にとって非常識だということもある．「常識」とは，同一文化内やグループ内に共有される信念，価値，規範，慣習，行動様式などのものである．異なる文化背景をもつ人びととの間に，常識と非常識というものは時に逆転され

る場合がある．日常のささいなことであれば，「習慣」や「考え方」の違いで済まされることがあるが，ビジネス上取引など重大なことであれば，各人のもつ価値観や信念と大きく違って，どうしても譲らず，重大な摩擦を引き起こすこともあり得る．

　グローバル企業内でさまざまな文化背景や価値観をもつ人びとと一緒に仕事やプロジェクトを進めていく．その際，同メンバー同士で効果的に仕事を進めていくには，どのような接触態度や知識を必要とするかが問われている．異文化コミュニケーション能力と一言にいっても，実はさまざまな要素が含まれて求められる重要な態度的側面は以下の通りである．

　① 相互の考え方を理解し，尊重することである．相手の考え方が自分と違う場合に，まず相手の考え方を理解・尊重しようという姿勢から話を進めていく．これは相手のことを賛成し，合わせることとは別のことである．それと同時に自分の考え方を尊重し，理解してもらうのも大切である．

　② 自文化中心の見方をとらないことである．自らの文化を価値判断基準することから抜け出し，他文化の物の見方もしてみる努力が大切である．

　③ 寛容と柔軟な心をもつことである．今まで自分が当然と考えていたこと，確信していたことを，異なる考え方でもう一度見直す寛容かつ柔軟な心が必要である．

　④ 判断を保留する力．人びとは「違い」が出てきて，それを理解できない時に「否定的な判断」を出すのは一般的であるが，異文化と接触する場合には，その判断をいったん保留し，相手を理解することから見直すことが必要である．

　⑤ 相手への共感．相手の物の見方から物事をみて，感じ取ることである．

　⑥ 自分の失敗を笑うことのできる心の余裕．異なる文化背景の人びとと仕事をする際に，誤解が生じたり，失敗したりすることは時にはある．その時，失敗を恐れずに，自分の失敗を笑い飛ばしてしまうような心の余裕をもつことが必要である．

演・習・問・題

問1 異なる国民文化の価値観の根底にどのような差異があるのかについて説明せよ．
問2 異文化同士のコミュニケーションを正確に相互理解するにはまず相手の何に気づくべきであろうか．
問3 異文化コミュニケーションする際にとるべき態度は何であろう．

参考文献

Gudykunst, W. B. and Kim, Y. Y. (1984) *Communicating with Strangers*, Reading, Mass：Addison-Wesley Publishing.

Hall, E. T. (1959) *The Silent Language*, Doubleday and Company Inc., New York.（国弘正雄・長井善見・斎藤美津子訳『沈黙のことば』南雲堂，1966年）

Hall, E. T. (1976) *BEYOND CULTURE*, Anchor Press/Doubleday, New York.（岩田慶治・谷泰訳『文化を超えて』TBSブリタニカ，1979年）

Hofstede, G. (1980) *Culture's Consequences*, SAGE.（萬成博・安藤文四郎監訳『経営文化の国際比較』産業能率大学出版部，1984年）

Samovar, L. A., Porter, R. E. and N. C. Jain (1981) *Understanding Intercultural Communication*, Wadsworth.（西田司・西田ひろ子・真保睦子・津田幸男訳『異文化コミュニケーション入門―国際人養成のために―』聖文新社，1983年）

本名信行・秋山高二・竹下裕子ほか編著（1994）『異文化理解とコミュニケーション 2―人間と組織』三修社

井上純一（1986）『文化と意識―合理性の文化社会学』晃洋書房

石井敏・岡部朗一・久米昭元（1987）『異文化コミュニケーション』有斐閣

伊丹敬之・加護野忠男（2003）『経営学入門』（第3版）日本経済新聞社

根本孝・ティレフォーシュ吉本容子（1994）『国際経営と企業文化』学文社

根本孝（1995）「グローバル企業文化とコア・カルチャーの形成」『経営論集』第43巻1号，明治大学経営学研究所

根本孝・茂垣広志・池田芳彦編（2001）『国際経営を学ぶ人のために』世界思想社

八代京子・荒木晶子・樋口容視子ほか（2001）『異文化コミュニケーション・ワークブック』三修社

―――――――《推薦図書》―――――――

1. Hall, E. T.（1976）*BEYOND CULTURE*, Anchor Press/Doubleday, New York.（岩田慶治・谷泰訳『文化を超えて』TBS ブリタニカ，1979 年）
   　コンテクスト概念によって文化の違いを見事に浮き彫りにした．
2. Hofstede, G.（1980）*Culture's Consequences*, SAGE.（萬成博・安藤文四郎監訳『経営文化の国際比較』産業能率大学出版部，1984 年）
   　多国籍企業である IBM を対象に調査を重ね，国民文化の次元を抽出した名著．
3. 石井敏・岡部朗一・久米昭元（1987）『異文化コミュニケーション』有斐閣
   　異文化コミュニケーションについてさまざまな事例をあげて，わかりやすい入門書．

第10章の要約

　人びとの物事に対する考え方や価値観は，各国の国民文化に強く左右されている．とくに，グローバル企業にとって技術や市場以上に企業文化の違いを生み出す原因となるのが国民文化であるだろう．さまざまな国で事業を営むグローバル企業にとって，おのおのの国に固有な文化的特徴をよく理解することは何にも増して重要である．したがって，各国の文化的特徴を比較する意味は大きい．

　トロンペナールスとハムデン-ターナー（Trompenaars, F. and C. Hampden-Turner）は，10年以上を費やし，3万人のデータを収集した．これらのデータに基づいて，国民文化間の相違によって企業文化を4類型に分類した．この4類型の企業文化はタイプごとに考え方，学び方，変化の方法，動機づけ，報酬，紛争解決などの方法がかなり異なる．

　本章では，企業文化を国際的に比較するために，まずこの4類型を紹介し，次いで日本のグローバル代表企業として，キヤノンの事例を取り上げ，最後には日米両国企業の海外子会社間の企業文化の差異に関する事態調査の結果を紹介していきたい．

第10章 企業文化の国際比較

　人びとの物事対する考え方や価値観は，各国の国民文化に強く左右されている．文化をおもてに表したものは慣行である．慣行は企業文化の行動様式にも反映される．第9章で述べた国民文化の4次元の中では，とくに権力格差と不確実性の回避が組織についての考え方に影響している．このように，国民文化間の差異は技術や市場以上に，異なる企業文化の特徴を形成する主要因となっている．

　グローバル企業において，現地でのビジネス環境をよく理解することが大切なことはいうまでもない．その意味で，国による文化的特徴を比較する意味は大きい．さらに，国境をまたがり活動を行うグローバル企業にとって，各国で活動を展開するそれぞれの組織が有する文化的特徴を見分けることはきわめて重要なことである．

　トロンペナールスとハムデン-ターナー（Trompenaars, F. and C. Hampden-Turner）は，国民間の文化的差異を見出したホーフステッド（Hofstede, G.）に引き続き，文化のジレンマ解決を通して文化差を逆に利用する方法を開発した．両氏は10年以上を費やし，3万人のデータを収集し，データに基づき，国民文化間の相違によって企業文化を4類型に分類した．この4類型の企業文化はタイプごとに考え方，学び方，変化の方法，動機づけ，報酬，紛争解決などの方法がかなり異なる．本章では，企業文化を国際的に比較するために，まずこの4類型を紹介し，次いで日本のグローバル代表企業としてキヤノンの事例を取り上げ，最後に日米両国企業の海外子会社間の企業文化の差異に関する事態調査の結果を紹介していきたい．

1. 国民文化間の相違による企業文化の4類型

　企業文化の形成は，技術や市場に影響されるだけではなく，経営者と従業員のもつ文化的特徴にも影響される．

トロンペナールスとハムデン-ターナーの企業文化4類型の分類は，国民文化間の相違がどのように企業文化の類型を決定するかについて考察するものである．両氏が企業文化を決定する際にとくに重要と考えるのが，以下の組織特性の3側面である．
① 従業員と所属組織との間の全般的な関係
② 上司と部下を規定する権限に関するタテ型，すなわち階層的なシステム
③ 従業員が所属組織の運命，目的，および目標についてもつ一般的な見解と組織において自分たちが占める位置

　また，両氏がさまざまな企業文化を区別するために使う次元は，平等主義―階層制と人間志向―課業志向である．この2次元によって4類型の企業文化を提示している．この4タイプは以下の4つのものに比喩される．それぞれ組織に対する従業員の関係を例示するものとなっている．
① 家族
② エッフェル塔
③ 誘導ミサイル
④ 保育器

　図表10－1はこれらの組織タイプの投影する企業イメージを要約するものである．ここでの企業文化の4タイプは「理念型」にすぎない．現実にはいろいろなタイプの文化が混合するか，または重複して支配的になっている．しかし，これを分離することは，それぞれのタイプの基盤を探求する場合，たとえば，ある企業文化で非常によく機能する規範や手続きが，別の企業文化だと，その効果性がなくなるのは，なぜかなどを究明するには有益である．

(1) 家族型企業文化

　家族型企業文化は，親密な人間関係をもっているため，人間志向的であると同時に，家父権のように，家族の長である「父」が「子供たち」をしのぐ，はるかに大きな権限と経験をもっているという意味で，階層的でもある．その結

図表 10 − 1　企業文化の 4 類型

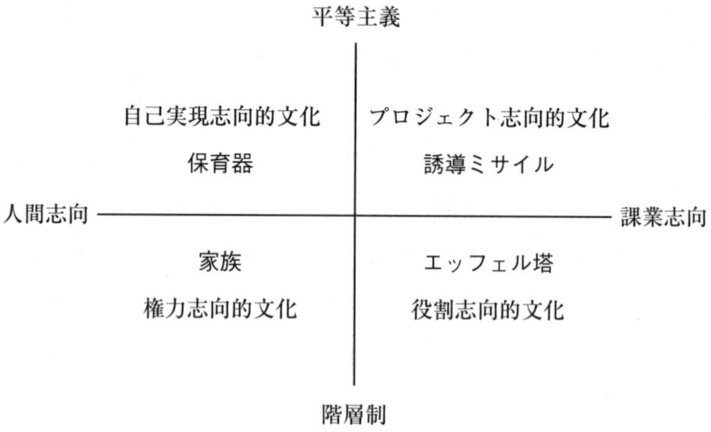

```
                        平等主義
                          │
         自己実現志向的文化 │ プロジェクト志向的文化
              保育器       │      誘導ミサイル
                          │
  人間志向 ─────────────────┼───────────────── 課業志向
                          │
              家族         │      エッフェル塔
          権力志向的文化   │    役割志向的文化
                          │
                        階層制
```

出所）Trompenaars, F. and C. Hampden-Turner, 邦訳（2001：274）

果，権力志向的な企業文化となる．このタイプの企業文化は上司が部下に権限をもつ一方，世話する役にもなっている．したがって，権力といっても本質的には部下に恐怖感を与えるよりもむしろ親近感（うまくいった場合）と慈悲深いものである．このような企業文化をもつ企業の多くは，家庭的な雰囲気の中で仕事を行う．

権力志向的な家族型企業文化において，権力は行使されるものであるが，必ずしも従業員に敵対するものではない．家族型企業文化をもつ企業は，ギリシャ，イタリア，日本，シンガポール，韓国，スペインなどのように工業化が遅かった国に多く存在する．

家族型企業文化は，ハイ・コンテクスト（第 9 章参照）文化であり，従業員に与えた情報量や内容が少なくても，互いに暗黙に理解できる．時には，仲間同士しか通用しない言葉をもつ．これが多いほどコンテクストは高度化していき，外部の人にとってさらに理解が困難となる．また，従業員の全般的な幸福と福祉がこのような企業の関心事とみなされる．

(2) エッフェル塔型企業文化

　西洋文化の世界では，明確な役割と機能をもった官僚的な分業が事前に規定されている．階層の上位で調整がなされる．組織設計通りに役割が果たされることで，仕事は計画通りに完了することとなる．マネジャーが数人の現場監督者の仕事を監督する．

　このような企業文化の類型は，パリにあるエッフェル塔によって象徴される．エッフェル塔の構造は，先端部分が対称的で，狭くなっているが，土台部分は幅広く，安定的となっている．公式的な官僚制はエッフェル塔構造と似通うものである．

　エッフェル塔型の階層組織は，家族型とかなり異なり，上位者と下位者とは明確で結合機能をもっている．たとえば，上司は部下に指示を出す役割，部下は上司の指示に従って働く義務を負うように，上下関係が明確にされる階層である．このような組織は指示通りに動かなければ，機能しなくなる．また，上司の存在は単なる職位であり，本質的に役割に当てられたものにすぎない．ある日突然いなくなっても，他の誰かがその上司に取って代わるので，組織の存在にとっても何の変化も生じない．したがって，個人の特異性が組織にほとんど介在しない．

　上司は部下との権限関係の役割を行使する際に使われ，言い換えれば職務権限は職場だけに限定され，ゴルフコース上や休暇中などの職場以外の場所にまで及ぶことはほとんどないであろう．地位は年齢，社会階級，性別，学歴などを功績として付与する属性型地位である．エッフェル塔型企業文化における地位は，役割に付与されるのであり，地位に対する挑戦は不可能である．このようなエッフェル塔型企業文化の官僚制は，人間味のない合理的・法的な組織である．エッフェル塔型企業において，キャリア形成は専門資格に大いに頼っている．このモデルの典型としてはドイツやオーストリアの会社があげられる．

(3) 誘導ミサイル型企業文化

　誘導ミサイル型企業文化が家族型およびエッフェル塔型企業文化とも異なる点は，その全員平等主義である．しかし，家族型文化と異なり，エッフェル塔型と似ているのは，人間味のなさ（impersonal）と課業志向性である．

　誘導ミサイル型企業文化は，課業を達成するために編成されるタスクチームやプロジェクトチームによくみられる文化である．メンバーの行う仕事が事前に未確定という点ではエッフェル塔型企業文化とも異なっている．メンバーは課業を完遂するために限りなく挑戦するし，また必要に応じて自ら問題解決方法を探ることが多い．さまざまな専門家が相互に協調して働くことによって，仕事を遂行することができる．アメリカ航空宇宙局（NASA）で宇宙探査に従事するプロジェクト・グループはこの文化を使う典型例である．

　誘導ミサイル型企業文化においては各人が自分の役割分担の専門家であるので，階層型組織は適用されない．この文化を有する組織は，リーダーまたはコーディネーターをもつのが普通である．誘導ミサイル型企業文化がエッフェル塔型組織と重なりあって，永続性と安定性を与えるのである．

　この文化における人間関係は永続的ではなく，プロジェクトの終了とともに終了する．

(4) 保育器型企業文化

　保育器型企業文化は，組織が個人の自己実現の二次的なものとされる実存主義的な考えに基づいている．すなわち組織が持続すれば，自己表現と自己実現のための保育器として役立つという考え方である．ここで用いられる保育器は「インキュベーター」という比喩である．

　保育器型企業文化は，人間志向的かつ全員平等主義的である．このような文化にはまったく構造がないし，あったとしても，その構造は暖房や照明などのように，個人的な便益を提供するための存在である．保育器型企業文化において，他人の役割は重要である．たとえば革新的な製品やサービスを確認，批判，

図表10－2　企業文化4類型の特徴

	家族型	エッフェル塔型	誘導ミサイル型	保育器型
従業員間の関係	つながりのある社会有機体への関与拡散的な関係.	必要とされる接触からなる機械的システムにおける関与特定的な役割.	共有された目的に狙いを定めたサイバネティック・システムにおける関与特定的課題.	共有された創造過程から育まれる関与拡散的で自発的な関係.
権限に対する態度	地位は, 親密で権力のある両親像に付与される.	地位は, 疎遠であるが, 権力のある上位の役割に付与される.	地位は目標達成に貢献するプロジェクト・グループのメンバーが獲得する.	地位は創造性と成長と具現化する個人が獲得する.
思考と学習方法	直感的, 全体論的, 横断的, 修正的.	理論的, 分析的, 合理効率的.	課題中心的, 専門家的, 実利的, 学問分野横断的.	過程志向, 創造的, 暫定的, インスピレーション的.
人々に対する	家族メンバー.	人的資源.	スペシャリストおよびエキスパート.	共同創造者.
変化の方法	「父親」が進路を変更する.	規則や手続きを変更する.	目標が動くに従って狙いを移動する.	即興であり, 調子を合わせる.
動機づけと報酬の方法	愛され尊敬されることに内在的な満足がある. 主観による管理.	上位の地位, 大きな役割への昇格.	業績または問題を解決したことに対する昇給や賞賛. 目標による管理.	新しい現実を創造する過程への参加. 情熱による管理.
批判と紛争解決	他の頬を差し出し, 他者の面子を保ち, パワー・ゲームで退廃しない.	紛争を仲裁する手続きがなければ, 批判は非合理性を非難することになる.	建設的で課題関連のものだけである. そうすれば, 過ち認め, 迅速に正すことができる.	創造的なアイディアを否定するのではなく, 改善しなければならない.

出所）Trompenaars, F. and C. Hampden-Turner, 邦訳（2001：306）

　開発, 資源の発見, または完成の補助のために, 他人の存在は不可欠である. この文化の典型例はカリフォルニア州シリコン・バレーのような創業間もない企業群である.

　保育器型の文化をもつ企業には, 革新的な小規模な企業もあれば, 専門知識をもつプロフェッショナルの集団もある. たとえば, 仲間の医師とともに病院を開業している医師, 法律事務所に雇われる弁護士のように, お互いに専門知識や経験を共有する集団にも該当する.

保育器型企業文化の組織構造は最低限のものである．命令する個人の権限は，個人的なものであり，命令者はアイデアを出し，人の情熱を引き出して自分たちと一緒に仕事するように導くものである．また，保育器型企業文化は，緊密に仕事をしていることによって密接な人間関係をもっているため，人と人との結びつきが自発的である．共有された情熱と高い目標によって，エネルギーを得ている．

以上の企業文化の類型は単一的に存在することはめったにない．ほとんどの場合に，これらの類型は複数的に混合しているか，または支配的な文化類型に他の類型が重なり合っている．図表10－2には4類型において，人間関係，権限，思考，学習，および変化の異なるところをまとめている．次節では日本とアメリカにおけるグローバル企業における本国本社の企業文化と海外子会社の企業文化との異同，日本企業の企業文化の特徴を事例として取り上げたい．

2. 異なる国民文化の価値観による企業文化差異の事例

(1) 日本のグローバル優良企業──キヤノン社の「共生」理念に基づく企業文化

キヤノンはかつて日本の精密機器，とくに高性能カメラの製造メーカーとして世界に広く知られていたが，今日では事務機器，映像，情報ネットワークなど多角化展開をするグローバル優良企業へと発展してきた．「共生」「優良企業構想」など，高次元の経営理念と戦略を掲げ，幾度の難関を乗り越え，グローバル優良企業として着実な成長を遂げてきた．

2004年米国特許登録件数上位10社の中で，IBMが1位（3,248件），松下電器産業が2位（1,934件），キヤノンは3位（1,805件）を占めている（キヤノン社ホームページ）．また，世界ランキングでみると，①ビジネスウィーク誌のベスト・グローバル・ブランドでは，キヤノンが世界企業で35位となり，日本のブランドで4位と位置づけられた．②フォーチュン誌の「世界で最も尊敬される企業2005」では，キヤノンが世界企業で30位となり，コンピュータ部門（世界）で5位と高く位置づけられた（図表10－3を参照）．

図表 10 − 3　世界ランキングでみるキヤノン

ビジネスウィーク誌	フォーチュン誌	フィナンシャル・タイムズ紙
ベスト・グローバル・ブランド	世界で最も尊敬される企業 2005	世界で最も尊敬される企業・経営者
世界企業で 35 位	世界企業で 30 位	御手洗冨士夫社長 世界企業で 10 位
日本のブランドで 4 位	コンピュータ部門（世界）で 5 位	世界で最も尊敬される企業世界企業で 25 位
将来の収益予想に基づくブランド価値によるランキング．	世界の主要企業の幹部および証券アナリスト 1 万人に調査を実施．「長期投資価値」「社会的責任」など 8 つの角度から評価を集計．	25 ヵ国，約 1000 人の経営者，ファンドマネジャーなどの意見をもとに評価．株主価値，CSR などの質問で構成．

出所）キヤノン株式会社ホームページ（2005/10/07 アクセス）

　企業収益と従業員数は 2004 年 12 月 31 日の連結決算によると，2004 年度のグループ総売上高は 3 兆 4,679 億円で，純利益は 3,433 億円である．総売上高の中で，日本国内グループ企業とアジア地域子会社の売上高は 1 兆 3,152 億円で，日本国内企業がグループ全体の 25% を占め，アメリカ子会社の売上高は 1 兆 594 億円で，グループ全体の 31% を占め，欧州地域子会社の売上高は 1 兆 933 億円で，グループ全体の 31% を占め，アジア地域と他子会社がグループ全体の 13% を占めている．グループの連結子会社数は 184 社であり，全従業員数は 108,257 人である．その中で日本とアジア地域の従業員数は 87,101 人で，日本が全体の 42.6% を占める．アメリカ地域は全従業員数の 9.5% を占め，欧州地域は全従業員数の 10.1% を占め，その他は 37.8% を占める．

　長引く世界経済不況の中で，このような優れた業績を維持し，かつ絶え間なく成長を遂げるキヤノンは，いったいどんな企業文化に支えられているのであろうか．まずはキヤノンの経営理念をとりあげ，意味解釈をしてみよう．

キヤノンの企業理念：共生

　「キヤノンの企業理念は『共生』です．共生は『文化，習慣，言語，民族などの違いを問わずに，すべての人類が末永く共に生き，共に働いて，幸せに暮らしていける社会』をめざします．現在，地球上には共生を阻むさまざ

まなインバランスが存在しています．なかでも，貿易インバランス，所得インバランス，そして地球環境のインバランスは解決していかなければならない重要な課題です．キヤノンは共生の実践により，これらのインバランス解消に積極的に取り込んでいきます．真のグローバル企業は，顧客，地域社会に対してはもちろん，国や地域，地球や自然に対してもよい関係をつくり，社会的な責任を全うすることが求められます．キヤノンは，『世界の繁栄と人類の幸福のために貢献していくこと』をめざし，共生の実現に向けて努力をつづけます」（キヤノン株式会社ホームページ）．

この理念は中興の祖ともいわれる3代目の賀来社長が創立50周年の翌1988年，100周年に向けての「第2の創業」を打ち上げ，経営理念「共生」を掲げた．「共生」という理念は一企業，一国の利害を超え，世界中の人びとの幸福を目指し，各国の異なる制度や文化と「共生」できる企業の未来像を示した．

この理念は初代社長御手洗毅が唱えた「三自の精神（自発・自治・自覚）」に根づいたものでもある．「三自の精神」は個人尊重を表す考えでもあり，自己責任の精神を徹底する考えでもある．「共生」は自分の枠の中にある「三自の精神」を超え，社会全体，世界全体のシステムとしてとらえ，人類全体の発展を目標にした理念である．このグローバル的な経営理念のもとで，キヤノン社は，経営のグローバル化の時勢に向かって，日本国内の優良企業から世界有数のグローバル優良企業へといちじるしく成長してきた．

キヤノンは運命共同体の意識で作り上げた終身雇用制度を依然守っている．今日長期不況の中にも「日本の産業界で今，はっきりと終身雇用の維持を訴えるのはキヤノンの御手洗富士夫と，トヨタ自動車社長の張富士夫ぐらいだ」（日本経済新聞社編，2001：156）．キヤノンの運命共同体意識も，初代社長の御手洗毅が唱えた「新家族主義」という理念で表されたものである．新家族主義は家父長がすべてのことを決めてしまうという封建的なものではなく，「お互いが意見を言い合う．憂いも喜びも，ともに分かち合うというのが私の新家族主義です」と御手洗毅は説明していた（日本経済新聞社編，2001：156）．新家族

主義は従業員を家族の一員として接する理念である．

　新家族主義との理念を表した象徴的な行動は，1953 年にはじまり 1964 年まで続いた従業員の「お誕生日会」であった．毎月，誕生日を迎える従業員とその家族を会社に招き，御手洗毅をはじめとした役員たちが，従業員の誕生日祝いの接待役となった．ケーキ，ビール，ジュース，料理などを参加者全員が一緒に飲んだり，食べたり，歌ったりして振る舞っていた．

　キヤノンが今でも日本流の終身雇用を堅持する理由は終身雇用のメリットにある．終身雇用の長所について，御手洗富士夫前社長は以下のように語っている．

　「終身雇用の長所は一人ひとりの社員が生涯をかけ，経営方針や企業風土を理解してくれることだ．おのずと，ブランドを守ろうとか，団結して危機に立ち向かおうといった会社精神も生まれてくる．企業間競争は団体戦だから，この無形財産は大きい．日本の風土に合っているし，グローバル市場を生き抜くうえでの貴重なコア・コンピタンス（競争力の源泉）だと思っている」（日本経済新聞社編，2001：145）．

　御手洗富士夫社長は日本流の終身雇用を維持するが，年功序列を排除し，実力主義を徹底している．これも創業当時から受け継いだものである．年功序列は人を腐らせると考えるので，キヤノンの賃金や処遇の制度は創業当初から年功序列ではなく，学歴，年齢，性別に関係なく実力主義である．昔から評価方法を公開した登用試験があり，合格者に昇格して高い賃金を与えている．賃金は平等に配るのではなく，個人の能力を公平に認め，従業員の能力を伸ばしていく文化に根づいている．

　キヤノンの経営はグローバル共通な部分とローカル（地域的）対応の部分を区分している．開発戦略，商品戦略，財務戦略は全部グローバル的に共通している．しかし，文化や雇用などの人的なものはローカル化に対応している．たとえば，雇用制度についても，国ごとの制度，風土に見合う方法をとっている．日本で終身雇用制を維持するのは，日本ではまだ雇用流動化の条件が整ってい

なく，現時点では終身雇用制の方がメリットが大きいと判断しているからである．対して，アメリカでは人員削減など人間を入れ替えて会社を強くする経営方法をしている．それがアメリカの文化・社会の中では有用な手段だと判断しているためである．また，マレーシア工場ではイスラム教徒の礼拝のためにモスクを作った．

　キヤノンの企業文化は，トロンペナールス・ハムデン-ターナーの企業文化4類型のひとつのタイプである「家族型企業文化」の日本企業の事例として，取り上げられた．キヤノンのように，共存を求めることは周囲の人びとと和睦し，協調・調和するように相手へ配慮することが大前提である．キヤノンの「家族型文化」タイプは，まさに日本の「和」の文化の精神のもとで築き上げたものである．この「和」の文化精神から「集団主義」が形成され，「集団主義」という価値観や行動様式の影響を受け，「終身雇用」という雇用制度が生まれ，「終身雇用」が企業の経営者から末端の一般従業員までひとつの運命共同体を作り上げた．したがって，キヤノンの「家族型文化」は日本国民文化の価値観を埋め込んだ日本的な「家族型文化」と考えられる．当然，家族または運命共同体の一員として，周囲から温かい愛情に包まれると同時に，共同存続のためにより厳しい扱いも受けられることを念頭におかなければいけない．

　キヤノンの企業文化は「家族型文化」タイプの日本企業の一事例にすぎない．その他の「家族型文化」を代表する日本企業，たとえばトヨタ，松下電器産業，セイコーエプソン，シャープなどのグローバル優良企業も少なくない．

　また，ここで「家族型文化」の一代表事例をあげたが，「家族型文化」が唯一で最高の企業文化と主張しているわけではない．上述の4類型の企業文化はそれぞれの特徴に強みがあり，各類型の企業文化は各国の国民文化とそれぞれの制度の影響で形成されたものである．

図表 10 − 4　キヤノンのロゴ

キヤノンロゴの由来

　鮮やかな赤で表現されるキヤノンロゴは，いまでは世界中に親しまれているが，現在のロゴになるまでには，いくつかの変遷があった．

　1933 年に精機光学研究所を設立したとき，初代のカメラの試作機が，「KWANON（カンノン）」と名づけられた．この名前は，観音様の御慈悲にあやかって，世界一のカメラを創る夢を実現したいとの願いを込めたものであった．そのマークには，千手観音が描かれ，火焔をイメージした KWANON の文字がデザインされていた．

　やがて，カメラの本格発売開始に向けて，世界で通用するブランド名が必要になり，1935 年に「キヤノン」（Canon）という名称を，商標として登録した．Canon には「聖典」「規範」「標準」という意味がある．正確を基本とする精密工業の商標にふさわしく，世界の標準，業界の規範となるよう意味が込められている．またキヤノンは，発音もカンノンに似ており，名称の交替は違和感なく行われたという．

1934年
"Kwanon" カメラ試作時につけられた
観音様をモチーフにした彫刻．

出所）キヤノン株式会社ホームページ，
http://web.canon.jp/about/philosophy/index.html（2005/10/7 アクセス）

(2) 日米企業の海外子会社間の企業文化の差異

咲川孝は1990年代初期にアメリカにおける日本企業の子会社29社,日本におけるアメリカ企業の子会社15社を対象にし,海外子会社の企業文化(咲川は組織文化とよぶ)の実態調査を実施した(咲川,1992).おのおのの企業の日本人マネジャー,アメリカ人マネジャー,アメリカ人従業員がアンケート調査に回答した.サンプル数は122であり,このデータに基づいて,因子分析を行った.その分析結果は次のとおりである.

第1因子は,「集団主義」を表す企業文化,第2因子は「能力主義」を表す企業文化である.その因子得点を基にして,アメリカにおける日本企業と日本におけるアメリカ企業を2つのグループに分け,平均値の差の検定(t検定)を行った.その結果は,能力主義に関しては統計的に有意な差はみられなかったが,集団主義に関する両国企業の統計上に有意な差があることがみとめられた.一般的に日本企業の文化は集団主義志向であり,アメリカ企業の文化は個人主義志向であるといわれているが,統計分析の結果はそれと異なる.日本におけるアメリカの子会社は,アメリカにおける日本企業の子会社よりも,集団主義的な企業文化をもっている.しかし,アメリカにおける日本企業の子会社は,日本におけるアメリカ企業よりも,より一層,個人主義的な企業文化をもっている.

さらに,インタビュー調査でこの分析結果を確認した際に,成果と企業文化との関係が明らかになった.すなわち,業績のよい子会社ほど,その子会社企業文化が親会社本国の国民文化ではなく,現地国の国民文化に適応しているとの結論である(図表10-5を参照).

図表10-5 組織文化でみた在米日系企業と在日米系企業の比較―平均値の差の検定

日米海外子会社の組織文化の種類	在米日系企業	在日米系企業	t値
集団主義の組織文化	−0.170	0.386	2.90***
能力主義の組織文化	0.076	−0.173	−1.26

備考)***$p \leq 0.01$
注) 在米日系企業のサンプル数(n)は84,在日米系企業のサンプル数は37.
出所)咲川(1992:57)

演・習・問・題

問1 家族型文化をもつ企業の一事例を調べてみよう.
問2 エッフェル塔型文化をもつ企業の一事例を調べてみよう.
問3 日米両国の企業文化の差異の事例を調べて比べよう.

参考文献

Hofstede, G. (1991) *Cultures and Organizations Software of the mind*, McGraw-Hill International (UK). (岩井紀子・岩井八郎訳『多文化世界──違いを学び共存への道を探る』有斐閣, 1995年)

Trompenaars, F. and C. Hampden-Turner (1997) *Riding the Waves of Culture: Understanding Cultural Diversity in Business*, 2nd ed., intercultural Management Publishers. (須貝栄訳『異文化の波──グローバル社会:多様性の理解』白桃書房, 2001年)

キヤノン株式会社ホームページ

http://web.canon.jp/about/philosonphy/index.html (2005/10/7アクセス)

根本孝・ティレフォーシュ吉本容子 (1994)『国際経営と企業文化』学文社

日本経済新聞社編 (2001)『キヤノン高収益復活の秘密』日本経済新聞社

咲川孝 (1992)「海外子会社の企業文化に関する一考察」『経営行動』第7巻第2号, pp. 53-59.

咲川孝 (1998)『組織文化とイノベーション』千倉書房

柳原一夫・大久保隆弘 (2002)『最強のジャパンモデル──「知恵と和」で築く絶対優位の経営』ダイヤモンド社

《推薦図書》

1. Hofstede, G. (1991) *Cultures and Organizations Software of the mind*, McGraw-Hill International (UK). (岩井紀子・岩井八郎訳『多文化世界──違いを学び共存への道を探る──』有斐閣, 1995年)
    国民文化の次元に新たに長期志向指標を加えた著作である.
2. 咲川孝 (1998)『組織文化とイノベーション』千倉書房
    ケース・スタディなどさまざまな調査に基づき, イノベーション志向の組織文化を明らかにする.
3. Trompenaars, F. and C. Hampden-Turner (1997) *Riding the Waves of*

Culture : Understanding Cultural Diversity in Business, 2nd edition, intercultural Management Publishers.（須貝栄訳『異文化の波—グローバル社会：多様性の理解—』白桃書房，2001年）

　ホーフステッドと違って，国民文化について7つの次元から比較分析をしており，学問上のみならず，実務上でも示唆多き書．

第11章の要約

　企業のグローバル化の過程では，つねに異なる文化的差異の問題に直面している．複雑なグローバル経営環境の中で，考え方や価値観の差異により，衝突を生む可能性をはらんでいる．このような環境では，グローバル組織の一体感の醸成がとりわけ必要となる．

　そこで，グローバル企業はグローバルな統合と分化のメカニズムを模索することとなる．柔軟な特質をもつ企業文化は，グローバル企業の海外子会社管理をはじめ，統合のためのひとつの調整メカニズムとして重要視されるようになった．

　グローバル企業文化を考察する際に，海外子会社の企業文化を同時に考慮することが不可欠である．本章では，グローバル企業文化が注目される要因を検討した上で，まず海外子会社独自の企業文化の構造について考察し，そして海外子会社へグローバル企業文化を伝達するアプローチを紹介する．最後に日本企業のグローバル企業文化の実態調査結果を分析し，日本企業のグローバル企業文化の構造を検討する．

第11章 グローバル企業文化の構築

　経営がより一層グローバル化する中で，企業はいかに巧みに各国の特徴をとらえてそれに対応し，また，現地のニーズに合わせて自国本社が有する特殊な知識や技能を世界各地に分散している子会社が利用するかが，グローバル経営成功のカギとなる．それゆえに，グローバル企業は異なる各国の事情に対応し，それぞれに異なる性質の組織や独自のマネジメント特性を開発しなければならない．

　1980年代末頃，グローバル企業はすでにグローバル・スタンダードを確立し，生産の合理化，製品の規格化，グローバルな調達による仕入れの低コスト化が求められるようになった．しかし，企業のグローバル化の過程では，つねに異なる文化的差異の問題に直面している．グローバル経営は，考え方や価値観の差異により，衝突を生む可能性をはらんでいるのである．このような環境のもと，組織の一体感の醸成がとりわけ必要となる．グローバル企業は経営の効率性だけではなく，組織の柔軟性，グローバルなイノベーション能力が同時に必要とされる．

　さらに，多くの海外子会社をもつグローバル企業にとって，他国に自社の事業基盤を固めるには，それぞれの国・地域と共存し，その中で自社独自の優位性を確立することの必要性がますます高まってきた．そこで，グローバル企業は規模の経済を確保する一方，海外子会社が，受動的に本社に追随するのではなく，その自律性を維持することによって，それぞれに創造力を発揮させるような，グローバル企業の統合と分化のメカニズムを模索することとなる．このような背景のもとで，柔軟な特質をもつ企業文化は，グローバル企業の海外子会社管理をはじめ，統合のためのひとつの調整メカニズムとして重要視されるようになった．

　グローバル企業における企業文化の問題をここではグローバル企業文化とよぶことにする．グローバル企業文化を考察する際に，海外子会社の企業文化を

同時に考慮することが不可欠である．したがって本章では，グローバル企業文化が注目される要因を述べた上で，まず海外子会社独自の企業文化の構造の理論を考察し，グローバル企業文化の海外子会社への伝達アプローチをまとめ，最後に日本企業のグローバル企業文化の実態調査結果より，日本企業のグローバル企業文化の構造を検討する．

1. グローバル企業文化が注目される要因

(1) グローバル統合の調整メカニズムとしての企業文化

マルチネスとジャイロ（Martinez, J. I. and J. C. Jarillo）は，1980年以降グローバル企業の調整メカニズムに関する研究について，企業文化や情報の共有といった，インフォーマルでソフトなグローバル企業のコントロール様式のものが主流であると論述した（Martinez and Jarillo, 1989）．当時，グローバル企業を取り巻く環境は，不確実性と複雑性が増加しつつあった．その対応策として，柔軟性に富むインフォーマルな調整メカニズムが必要とされたのである．そうした調整メカニズムとして脚光を浴びたのがソフトな統合あるいは調整モードとしての企業文化であり，これによって，企業構成員に対して，組織構造など人間の外部から機能するハードなコントロール・モードを補完し，人間の内部から組織へのコミットメントを高めるように作用する．

このようにして，グローバル企業は地理的・文化的にかけ離れたそれぞれの子会社の従業員企業組織の構成員に対して，子会社の自律性を確保しながらも全体としての共同意識を醸成させる．そして，各海外子会社が本社全体の一部の存在とする意識をもたせることによって，グローバル企業は世界中に分散している子会社への統合を実現しようと考えているのである．

(2) 組織の独自性を追及するための企業文化

グローバル企業が競争優位性を保つためには，競争相手に容易に模倣されない企業の独自性と創造性を構築しなければならない．グローバル企業内部の文

化的差異の存在は，新たな見えざる資産の創造が図られ，組織の独自性が生まれるものとされる．この視点はグローバル経営環境を文化的多様性ととらえる．

また，文化的多様性はさまざまな知識やアイデアの源泉と考えられる．それらの知識やアイデアを有効に活用すれば，異文化シナジー効果がもたらされる．多様な文化環境の中で，従業員は単一文化の枠組みから脱出し，多様な発想を引き出すことによって，新しい技術やイノベーションを創造する可能性が高まっていく．むしろ，多様な文化との出会いは，グローバル経営に必然的な結果である．創造力やイノベーションの高まりは，組織の環境対応能力の向上に寄与することになる．その結果，組織の独自性が生み出される．

グローバル企業文化は，本社のみならず海外子会社の間に発生する文化的差異を相互学習することによって，創造された異文化シナジーの所産である．他社に容易に模倣されない企業の独自性を構築するには，継続的に企業文化を変革することが必要になろう．

2. 海外子会社企業文化の構造

(1) 海外子会社経営の直面する圧力

そもそもグローバル企業の組織の特徴としては世界各地に分散した事業をコーディネートする単一の組織である一方，異なる国の環境で操業するさまざまなユニット組織のセットでもある．

したがって，海外子会社はつねに2つの圧力が同時に直面している．すなわち，子会社のホスト国から生じるローカル環境への同化・適応という圧力と，本社（ホーム国）からの一貫性を要求する圧力である．前者のローカル環境への同化の圧力の例は，海外子会社に現地政府の雇用や労働政策への遵守を義務づけられたりすることがあげられる．後者の本社（ホーム国）からの一貫性を要求する圧力の例としては，本社が系統立てて子会社の業績を統合的に管理したり，子会社間の資源配分を効率的に行うために，子会社に特別な内部財務レポートを義務づけたりするなどが考えられる．

なお，ローカル環境への同化圧力としての主要な要素は，①子会社ホスト国の強い法規制，②「不確実性」の許容度の高い本社ホーム国の国民文化，③子会社設立時の吸収や合併などによる取得，④マルチ・ドメスティック産業としてのビジネスなどである．

一方，企業が全体的な統合を強め，グローバル企業内部の一貫性を求める圧力として働く要素は，①本社ホーム国と子会社のホスト国の文化的差異，②本社からの海外派遣管理者（Expatriate；エクスパトリエイト）の存在，③全社的なコア・テクノロジーとしての共有の技術，④業種としては，ポーター（Porter, M. E.）のいうグローバル産業としてのビジネス，ホスト国経済の，その子会社への依存度などである．

(2) 海外子会社の企業文化の構造

パールミュッター（Perlmutter, H. V.）はグローバル企業の発展段階をトップ・マネジメントの信念をもとに類型化し，EPRGモデルを作り上げた（Perlmutter, 1969）．このモデルはグローバル企業の特徴の中でも，その世界中に分散するユニット間の調整や全体の統一に焦点を合わせたフレームワークとして知られている．

EPRGとは，Ethnocentric（自民族中心→本社志向），Polycentric（多中心主義→現地志向），Regioncentric（地域中心主義→地域志向），Geocentric（地球中心主義→世界グローバル志向）の頭文字から命名された4類型モデルである．

パールミュッターの考えでは，グローバル企業は本社本国の基本価値を中心とするEモデルから，次第に海外子会社の国民文化を重視するPモデルに移行し，さらにRモデルやGモデルへと発展していくものである．また，彼はGモデルに移行した企業，すなわちグローバル統合的で，かつ現地適応的な戦略をとる世界志向の企業は，グローバルな企業文化をもつことになると考える．

ここでパールミュッターのいうグローバルな企業文化は，グローバル企業の核となる企業文化という概念であるゆえに，「コア文化」とも略称されている．

さらに，注意すべきなのはEPRGモデルの始まりのE（自民族中心主義）のように，グローバル企業文化の成立過程においても本社のホーム国の国民文化に大きな影響を受けていることである．

ところでここでの関心点は海外子会社の企業文化であるので，本社本国の国民文化の影響のもとで形成されたグローバル企業文化は，海外子会社に伝達され，どこまで受け入れられるかの問題である．しかし，正直なところ，この問題に関する研究はあまり進展していない．従来の研究視点はほとんど本社志向か現地主義志向かという二者択一でとられるか，あるいは両国の国民文化の融合した文化であるとしか論じてきていない．

これらの視点は，企業のグローバル化の初期段階で海外子会社の数が少なく，規模もそれほど大きくないという状況のもとでは，子会社の企業文化が「郷に入っては郷に従え」式の現地志向主義でよいかもしれない．しかし，経営のグローバル化への進展にともない，海外子会社数が増え，その規模が拡大され，子会社の分散している国が広がっていくと，単純な現地志向主義だけでは企業全体を統合管理することが困難となってくる．そこで，より広い視野に立った新しい文化の創造が必要となると考えられる．すなわち，海外子会社の文化においては，現地国の国民文化と本社本国の国民文化とが融合した（ハイブリッド型）企業文化の形成が重要なのである．しかし，このような考えはいずれにしても海外子会社の企業文化というよりも，単に本社本国（ホーム国）と海外子会社所在国（ホスト国）という2つの国民文化の視点から論じたものである．

グローバル文化と多様なサブ・カルチャーについて，「融合」よりも「重合」という主張もある（根本・デルフォーシュ，1994：87）．まず，第1段階では，本社のグローバル企業文化は本国の国民文化に基づき，企業の創業以来の理念や所属する業種などの他諸要因の影響を受けながら形成される．その際にグローバル企業文化の規定要因は文化要因だけではなく，諸状況要因や経済システム構造などの要因も考慮に入れる必要がある．

次の第2段階では，形成されたグローバル企業文化をベースに，海外子会社

図表11-1　海外子会社の企業文化の形成要因

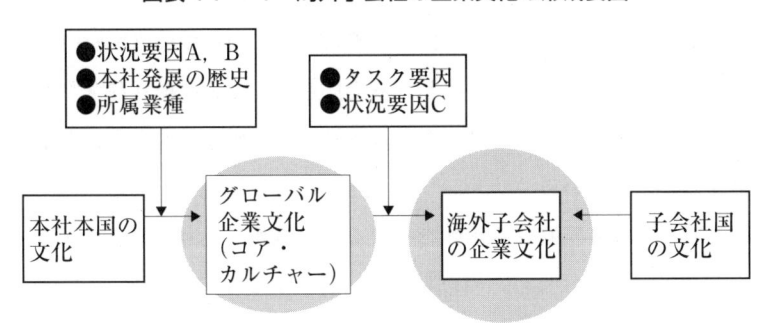

```
●状況要因A, B            ●タスク要因
●本社発展の歴史          ●状況要因C
●所属業種

[本社本国の文化] → (グローバル企業文化（コア・カルチャー）) → (海外子会社の企業文化) ← [子会社国の文化]
```

出所）根本孝・デルフォーシュ吉本容子（1994：86）に一部加筆修正

の所在国の国民文化の影響を受け，ある特定子会社の企業文化が形成されると考える．従来の2つの国民文化の融合と異なる点は，本社本国の国民文化が海外子会社の企業文化に与える影響が，一段クッションを置いて間接的な関与となることである．また，海外子会社の企業文化の断面をみると，融合よりも，各要素が多少の変形はあるものの，エレメント（element）としてその独自性を主張すると同時に，ポリメリック（polymeric＝重合的）に結合している形態が想定されている（図表11-1を参照）．

すなわち，グローバル企業の海外子会社の企業文化は，全グローバル組織の共通な部分と，各子会社が置かれたそれぞれの国の国民文化の影響によって形成された部分と重合したものと考えられる．このような統合メカニズムとしてのソフトなコントロール方法は経営環境の不確実性が増加の一途を辿る現時点では，その重要性を一層増してきている．

グローバル企業文化から海外子会社への伝達は，一般的に海外派遣要員や企業内の教育・研修を通して伝わる方法がよく採用されているが，その詳細については次節で検討しよう．

3.　グローバル文化形成の諸アプローチ

1990年代初期以来，グローバル企業文化の世界的な調整と統合のメカニズ

ムの機能に関する研究も進んできている．さらに企業文化の変革や再構築に関して議論が高まり，その具体的アプローチの方法についての研究がいくつか蓄積されてきている．その中でもっとも多く提起されたのは経営理念アプローチである．文字通り，このアプローチの力点は，経営理念の共有化による企業文化の形成に置かれている．

多くの研究者が世界的に共通可能な経営理念の構築と海外子会社へのグローバルな浸透を主張している．経営理念に関する実証研究の数はまだ少ないが，三菱総合研究所は1992年に日本企業を対象に調査を行った．その調査報告では日本本社がもっている経営理念と価値観について，グローバルに適用する企業が38.7%，日米欧が独自の理念，価値とするものが34.5%，世界共通理念，価値観は18.7%であるとまとめている．そしてグローバル企業文化の形成において，次の6つのアプローチが中心的となった（根本，1995：73-75）．

① 管理者派遣アプローチ

このアプローチは，派遣管理者が本社の経営理念やグローバル企業文化を熟知し，すでに身につけているので，彼らは本社のグローバル企業文化の伝達者であり，行動規範の体現者であると主張されている．他方，海外子会社の管理者が本社へ出張，研修，実習，さらに本社への逆出向によって，本社のグローバル企業文化を体得し，またインフォーマル，ネットワークの形成が，海外子会社へグローバル文化を浸透され，創造を促進する．当然，同時に海外子会社の管理者が本社にもそれぞれの子会社の国の文化を伝えている．

② 人事制度アプローチ

人事評価，賃金，昇進という人事制度は価値観や行動規範を具体的に表したものであり，企業文化を実施する際に欠かせない方法とされている．人事制度は国民文化の特徴を反映するものであり，従業員のモチベーションに関わる問題であるので，グローバル経営においてその統合には慎重に扱うべきとの考えが少なくない．したがって，多くの研究者は管理者を中心とするコアメンバーの評価，処遇制度の統合による価値の共有化を主張している．しかし，評価項

目については世界的に共通化をはかるものの，その優先度，項目間のウエイトづけは海外子会社が選択できるようにするのが最適であるとの主張もみられる．

③　教育アプローチ

社内教育によって，グローバル経営理念や価値観などの企業文化を子会社に浸透するアプローチである．たとえば，子会社の新入社員（新規採用者と中途採用者）への社内研修，ローカル・マネジャーとスタッフを対象とする海外拠点や本社での研修，OJT（On the Job Training）職業訓練，近年にはインターネットを活用するe-ラーニング（electronic-learning）などがあげられる．これらの企業内教育を通じて，グローバル企業文化のほかに，基本的な技術，経営ノウハウを全従業員と共有し，製品の標準化や販売ノウハウの標準化が進められている．

④　情報共有アプローチ

社内報や会議，近年では情報ネットワークの構築などによって，本社と海外子会社間の情報共有化を通じて，価値の共有化を促進するアプローチである．

⑤　シンボルアプローチ

社旗・社歌をはじめとし，儀式や各種のイベントなどのシンボルな行動によって，シンボルの根底にある意味や価値観を表明し，企業組織の一体感の醸成を目指すアプローチである．

⑥　共同プロジェクトアプローチ

このアプローチは，グローバル企業内に共同研究や問題解決チームを編成するものである．その存在自身がグローバル統合のシンボルとなる．参加者の相互交流によって価値観や行動様式の共有化，さらにそれらの参加者を通じて企業他者へグローバル企業文化の浸透が期待されている．

その他，企業の諸制度や組織構造をはじめとするグローバルな管理システム，マニュアルもグローバル企業文化形成に重要な役割を果たしている．このようなグローバル企業文化の形成，変革による諸アプローチへの影響，あるいは相互関連，さらに現実の採用についてはまだ不明確な点が少なくない．

しかし，現実の世界においてグローバル企業文化はどうなっているか．以下では，上記の論理と対照しながら，日本企業のグローバル企業文化に関するアンケート調査結果（根本，1995）を実例として紹介したい．この調査は1994年3月から6月に海外売上の高い日本企業350社（未上場企業を含む）の1,045事業を対象にし，184社からのアンケート回答の結果にもとづく分析である．

4. 日本企業のグローバル企業文化の構造

まず，企業文化の核となる経営理念のグローバル化の現状をみていこう．回答した日本企業の中には，創業以来の経営理念を保持している企業が53.7%で，約半数を占め，一方，「新たに本社理念を世界共通なものとして策定」している企業は39.5%で，約4割を占めている．その中で，約8割（78.3%）は1988年以降に策定したものであり，このことは1980年代後半から日本企業の海外進出の加速時期に呼応していると考えられる．

グローバル経営理念の策定方法については，本社主導が89.5%を占め，「世界のグループ企業と調整しながら策定した」のは3.1%しかない．その他，6社（3.7%）は本社理念とは別に世界グループ理念を策定している．この回答からみれば，日本企業のグローバル経営理念の策定は本社主導傾向が明らかである．

経営理念の世界共通性については，35.8%が世界共通であり，世界共通であるが地域ごとに修正されるのが25.3%で，子会社ごとが25%である．この結果をみれば，経営理念の世界共通性をもつ企業は61.1%であり，半数以上を占めていることがわかる．さらに，将来については，「子会社ごと」の企業は7.1%と大幅に低下し，「世界共通だが地域ごとに修正」を考えている企業は44.9%に達し，もっとも多くなった．これらの回答では，日本企業の経営理念のグローバル化への進展は一層広がっていき，そして，経営理念策定においては本社主導でありながら，実際には各海外子会社の国の文化や環境の異なる点を考慮に入れて作成し，グローバルな経営理念を共有しながらも，本社と海外

子会社との差異な部分が存在すると考えられる．

次に海外子会社における経営理念の階層別の浸透度をみていこう．一番高いのは日本からの派遣管理者で，55.6%（やや浸透も含めると91.6%）を占めている．4分の1の企業はローカルの重役クラスが26.7%，ミドルが28.1%となり，かなり浸透していると評価している．将来については，日本人派遣管理者は85.5%，ローカル重役クラスは66.7%，ミドルは43%，一般社員は31.4%と期待している．この数字からみると，経営理念を浸透する重要な階層はまず日本人派遣管理者層，次いでローカル重役層にあるとみられる．

そして行動規範の共通性については，日本本社と共通するのは管理者の行動規範である企業が12.1%を占め，従業員レベルでは4.7%の企業に限られている．将来における，管理者の行動規範について，日本本社と共通ないしは地域とのミックスと考える企業は47%を占め，従業員の行動規範について，地域ないしは子会社ごとに異なると考える企業は7割以上を占める．このように，行動規範の浸透も経営理念と同じように階層別にしている．

また海外子会社がグローバル統合のシンボルとしての社旗をもっている企業は53.4%で，半数を占めている．

総合的にまとめれば，日本企業の企業文化は現在も将来も子会社ごとに異なるとする企業は3割，将来的には本社に類似の文化を目指す企業は2割，その中間が約半数を占めている．

以上の調査分析結果をみれば，企業文化のグローバル的な統合の困難さを示しているものといえよう．したがって，企業文化の世界的な統合よりはむしろ，一部の本社主導の世界共通企業文化（グローバル文化）を中心に，本社や各海外子会社が独自の企業文化をももつことが，グローバル企業文化の一般的な姿と考えられる．図に表現すれば，図表11－2のようになる．

企業文化の重要な機能として組織の内部統合と環境適応が指摘される（Schein, E. H., 1985）ように，グローバル企業の世界的な組織の統合においても経営理念や価値観をベースにしたグローバル企業文化の形成は非常に重要であ

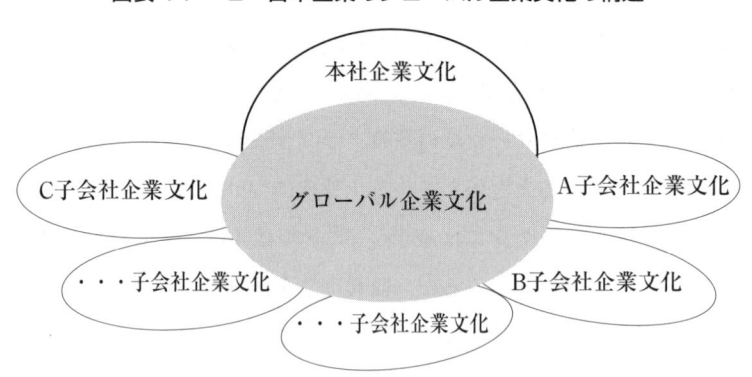

図表 11 − 2　日本企業のグローバル企業文化の構造

```
           本社企業文化
    ┌─────────┼─────────┐
C子会社企業文化  グローバル企業文化  A子会社企業文化
    ・・・子会社企業文化    B子会社企業文化
          ・・・子会社企業文化
```

る．また世界的な価値観や規範の共有は世界中に分散した子会社，多様な組織メンバーの重要な調整メカニズム（Bartllet and Ghoshal, 1989）のひとつとしてもきわめて注目されている．一方，グローバル企業は異なる国の環境の中で事業を営み，異なる価値観や規範をもつ管理者と従業員の集合体であるゆえに，多様な価値観や規範を尊重し，多様性マネジメント（Diversity Management）や多文化チーム（Multi-cultural team Management）によってシナジー効果を生み出し，そして創造性を向上させることが重要である．

演・習・問・題

問1　なぜグローバル企業文化が注目されるのか．
問2　海外子会社の企業文化の構成上の特徴について簡単に説明せよ．
問3　グローバル企業文化の形成に影響する要因とは何であろうか．

参考文献

Bartlett, C. A. and S. Ghoshal（1989）*Managing Across Borders：The Transnational Solution*, President Fellows of Harvard College.（吉原英樹監訳『地球市場時代の企業戦略』日本経済新聞社，1990年）

Martinez, J. I. and J. C. Jarillo (1989) The Evolution of Research on Coordination Mechanisms in Multination Corporation, *Journal of International Business Studies*, Fall, pp. 489-514.

Perlmutter, H. V. (1969) The tortuous evolution of the multinational corporation, *Columbia Journal of World Business*, Jan-Feb.

Schein, E. H. (1985) Organizational Culture and Leadership, Jossey-Bass. (清水紀彦・浜田幸雄訳『組織文化とリーダーシップ』ダイヤモンド社, 1989年)

地球産業文化研究所 (1991)『経済のグローバル化が招く文化摩擦と対応』調査研究 [受託（財）日本生産性本部]

土井一生 (1998)「グローバル企業文化研究の新展開」『世界経済評論』3月号, 世界経済研究協会

伊丹敬之・加護野忠男 (2003)『経営学入門』(第3版) 日本経済新聞社

諸上茂登・根本孝編著 (1997)『グローバル経営の調整メカニズム』文眞堂

根本孝・ティレフォーシュ吉本容子 (1994)『国際経営と企業文化』学文社

根本孝 (1995)「グローバル企業文化とコア・カルチャーの形成」『経営論集』第43巻1号, 明治大学経営学研究所

根本孝・茂垣広志・池田芳彦編 (2001)『国際経営を学ぶ人のために』世界思想社

安室憲一編 (1994)『多国籍企業文化』文眞堂

《推薦図書》

1. Bartlett, C. A. and S. Ghoshal (1989) *Managing Across Borders : The Transnational Solution*, President Fellows of Harvard College. (吉原英樹監訳『地球市場時代の企業戦略』日本経済新聞社, 1990年)
   効率・柔軟性・学習のすべての能力を兼ね備えたトランス・ナショナル企業を追求.
2. 諸上茂登・根本孝編著 (1997)『グローバル経営の調整メカニズム』文眞堂
   グローバル経営の4つの戦略類型モデルをベースにグローバル経営を多面的に研究した書.
3. 根本孝・茂垣広志・池田芳彦編 (2001)『国際経営を学ぶ人のために』世界思想社
   グローバルとローカルが交差する国際経営の世界へのいざないとなる好書.

第 V 部
企業文化の倫理性・社会性

- 第Ⅰ部 企業文化
- 第Ⅱ部 組織ライフサイクルと企業文化
- 第Ⅲ部 経営理念と行動規範
- 第Ⅳ部 グローバル企業文化
- 第Ⅴ部 企業文化の倫理性・社会性
  - 第12章 企業文化の倫理的側面
  - 第13章 CSRと企業文化

企業文化
コーポレートカルチャー

第12章の要約

　1980年代後半のバブル経済期に世界を席巻した日本企業は，バブル経済が崩壊した1990年代には「失われた10年」とよばれる暗黒の時代に突入した．業績が軒並み悪化する中，2つの現象が顕在化した．ひとつが企業倒産であり，もうひとつが企業不祥事である．不景気にともない，利益至上主義が崩壊する中，業績悪化の結果として倒産する企業が急増し，それを恐れた企業が不祥事を起こした．そのような状況に置かれ，企業経営の必須課題として求められるようになったのが経営倫理である．

　本章では，近年注目されるようになった経営倫理の問題を企業文化との関わりにおいて考察していくことにしよう．経営倫理とは何か，経営倫理と企業文化とはどのような関係にあるのか，経営倫理を企業文化として定着させるためにどのように倫理教育を進めていくのかについて議論を進めよう．

　また，経営倫理の問題は近年話題になっているコーポレートカルチャー・ショックやコーポレート・ガバナンスの問題とも深い関わりがある．コーポレートカルチャー・ショックやコーポレート・ガバナンスの本質について考察し，経営倫理の影響力について検討することにしよう．

第12章　企業文化の倫理的側面

1. 経営倫理の定義

　企業は，これからどこに向かって進んでいくのかという将来のビジョン，すなわち経営理念を明確にしなければならない．自社の存在理由，活動目的，経営手法など，経営者の企業経営に対する価値観や信条などを象徴化したものが経営理念である．経営理念を明確化することにより，従業員のベクトルを合わせることができ，組織パフォーマンスを効果的に発揮することができる．

　この経営理念が従業員に浸透したものが企業文化である．すなわち，自らが所有する経営資源を用いて，企業文化にしたがいながら経営理念という目標に向かって進んでいくというプロセスこそが企業の経営である．

　近年この企業経営のプロセスに際し，重要視されるようになったのが経営倫理である．企業は経営理念を達成するために何をしてもよいというわけではない．企業はつねに倫理観をもって経営を行っていかなければならない．この企業の倫理観のことを経営倫理とよぶ．昨今起きている企業不祥事は，経営倫理が欠如したからに他ならない．

　ここで，さまざまな研究者の経営倫理の定義について概観してみよう．経営倫理とは，水谷雅一によれば，「あらゆる違法行為を含む反社会的行動を否定する考え方であり（水谷，1998：2），ビジネス（経営）そのもののエシックス（倫理）であって，企業に限らず，広義のビジネス関連の組織体の経営のあらゆる場面での倫理問題を包含するもの」である（水谷，1995：1）．小林俊治は，「企業がそこで活動をする環境によって，明白にもしくは暗黙に，遵守することが要求される規範」と定義した（小林，2001：135）．また，田中宏司は経営倫理に関する代表的な定義を概観した上で，「企業倫理は，組織を構成する経営者，管理者，従業員の"個人倫理"，生計を立てるための仕事を有する人にかかわる専門職倫理を含む"職業倫理"，経営哲学・理念に基づく企業活動にかかわる"組織倫理"という三要素を基礎として，どのように正しく企業行動

を行うかについてのすべての倫理問題を対象としている」と定義した（倉井・梶原，2001：79-80）．

また，近年，経営倫理を考察する際にコンプライアンス（compliance）という考え方を耳にするようになった．コンプライアンスとは，一般に法令遵守などと解釈されるが，浜辺陽一郎は，コンプライアンスを基にした経営を「企業において組織全体が自主的に工夫をこらしながら，さまざまなルールを活用して，ルールに適合した健全な経営をしていくこと」と定義した（浜辺，2005：5）．

これらの経営倫理（企業倫理）やコンプライアンス経営の定義を概観すると，以下のことを抽出することができる．

① 反社会的行為を戒める考え方である．
② 個人的倫理観を企業の倫理に昇華させる必要がある．
③ ルール遵守に基づいた健全性が問われる．

この3つの考えを基にして，経営倫理を考えると「個人的倫理観を企業の倫理に昇華させ，遵法意識と同時に道徳的規範を遵守する意識である」といえよう．

2. 経営倫理と企業文化

人間であれ企業であれ社会の中で活動しているものは法（法律）を遵守しながら活動しなければならない．法とは，広辞苑によれば「社会秩序維持のための規範で，一般に国家権力による強制を伴うもの」（新村編，1998：2423）であり，社会において整然とした活動を行っていくためには必要不可欠なものである．しかし，法でカバーしきれない部分が多数存在するのも事実である．また，法の特性として後追い的に制定されるということにも注意しなければならない．とくに，ビジネスの分野においては新しい研究が続々と行われ，新しい物質の発見や新製品の開発が頻繁に行われるため法の後追いという傾向はきわめて強い（田代，2000：148）．すなわち，法は万能の存在ではないということである．その考え方にたてば，重要なのは倫理観である．法では規定されていなくとも

倫理観によって反社会的行為を戒めることが必要になる．それは，企業にとっても同様であり，法の不備，法の抜け穴とよばれる分野での活動を「個人的倫理観を企業の倫理に昇華させ，遵法意識と同時に道徳的規範を遵守する意識」である経営倫理によって抑制することが求められる．これが経営倫理の本質であるといっても過言ではない．

しかし，残念ながら，近年この経営倫理が崩壊しつつある．法の抜け穴，抜け道を狙い多額の利益を計上しようとする企業，法の不備を堂々と公言し積極的に不備をついた活動を行う企業も目に付く．場合によっては法をも犯し，利益最優先の行動をとる企業まで存在している．

なぜ，このような現象が起きるのであろうか．一般的には，一部経営陣の暴走によって引き起こされるケースが多い．しかし，不祥事を起こし経営陣が交代した後も，再度不祥事を起こす企業も少なくない．これは，経営者の倫理観に問題があるだけではなく，企業全体に倫理観が欠如していることを明示している．すなわち，企業文化に経営倫理の意識が欠落していると考えられるのではないであろうか．

企業文化とは，第1章で定義したように「メンバーによって共有された価値や規範および（結果として生じる）思考や行動の様式」である．メンバー間に経営倫理という価値や規範が共有されていれば，倫理観は企業文化として企業内に定着する．経営者の暴走を社員が止めることも可能であるかもしれないし，倫理観のない経営陣が退陣すれば企業は経営倫理を実践した活動を行うことができる．

しかし，経営倫理が企業文化として定着していなければ，従業員は統一された倫理観をもった行動をとることはできない．従業員は各自がもっている倫理観に沿って行動をすることになる．従業員一人ひとりの倫理基準は異なるため，統一された倫理観に基づく行動はとれない．すなわち，経営倫理が企業文化として定着していなければ，統一された倫理基準は存在せず，従業員の行動に一貫性が保てなくなる．ある従業員は法を遵守し，社会的規範を厳格に守る行動

を行い，ある従業員は法は遵守するが，社会的規範には曖昧な行動を行う．また他の従業員は，法をも無視した行動を行うようなケースが出てくるかもしれない．統一された倫理観へとベクトルを合わせるためには，従業員に対し倫理教育を実施し，経営倫理を企業文化として形成していく必要がある．

3. 倫理教育と企業文化の形成

　前節で経営倫理が企業文化として定着していることの重要性について述べたが，経営倫理を企業文化として定着させるためには従業員に対する倫理教育が必須である．日本企業の場合，OJT（On the Job Training）など職業訓練は盛んに行われてきたが，倫理教育が行われることは皆無に近かった．しかし，近年の企業の不祥事を概観すると日本企業においても倫理教育は不可欠であると思われる．水尾順一によれば，経営倫理教育は企業の経営倫理の考え方を普及・浸透・定着させる活動であり，内部制度化の重要な要素である（水尾，2003：71）．

　経営倫理教育を行っている企業の例を概観すると社内教育として行う場合と外部専門家による教育として行う場合が存在する．それぞれに長短が存在するが，前述した水尾は，それぞれの長短を次のように指摘している．社内教育として行う場合，「暗黙知といわれる風土や実状を熟知していることから，考え方あるいは風土などの面で同じ土俵で担当することができ，受講者から共感的な感情を得ることができる場合が多い．逆に内情を知り尽くしているからこそ，発言できないことや遠慮などが生じる場合もあり，教育効果の減少につながるケースもある」という．他方，外部専門家が教育を行う場合，「組織風土や内情がわからないが故に反感を招く場合もあるが，社外の人間だからこそ遠慮会釈なく自由に発言でき，苦言を呈することも比較的可能である」という（水尾，2003：74）．

　水尾が指摘するように両者にはそれぞれ長短が存在しているが，単なる倫理教育で終わらせず，統一された倫理観を企業文化として定着させるためには社

図表 12-1　経営倫理の課題事項

（関係領域）	（価値理念）	（課題事項）
① 競争関係	公　正	カルテル，入札談合，取引先制限，市場分割，差別対価，差別取扱，不当廉売，知的財産権侵害，企業秘密侵害，贈収賄，不正割戻，など．
② 消費者関係	誠　実	有害商品，欠陥商品，虚偽・誇大広告，悪徳商法，個人情報漏洩，など．
③ 投資家関係	公　平	内部者取引，利益供与，損失補償，損失補填，作為的市場形成，相場操縦，粉飾決算，など．
④ 従業員関係	尊　厳	労働災害，職業病，メンタルヘルス障害，過労死，雇用差別（国籍・人種・性別・年齢・宗教・障害者・特定疾病患者），専門職倫理侵害，プライバシー侵害，セクシュアル・ハラスメント，など．
⑤ 地域社会関係	共　生	産業災害（火災，爆発，有害物漏洩），産業公害（排気・排水・騒音・電波・温熱），産業廃棄物不法処理，不当工場閉鎖，計画倒産，など．
⑥ 政府関係	厳　正	脱税，贈収賄，不当政治献金，報告義務違反，虚偽報告，検査妨害，捜査妨害，など．
⑦ 国際関係	協　調	租税回避，ソーシャルダンピング，不正資金洗浄，多国籍企業の問題行動（贈収賄，劣悪労働条件，年少者労働，公害防止設備不備，利益送還，政治介入，文化破壊），など．
⑧ 地域環境関係	最小負荷	環境汚染，自然破壊，など．

出所）中村瑞穂編（2003：8）を一部修正

内教育の方が効果的であるといえる．

　倫理観を企業文化として定着させるためには全社員に同じような教育を行っても意味がない．そもそも経営倫理と一言でいっても，その範囲はきわめて広範であり，課題も多岐にわたる（図表 12-1 参照）．

　倫理教育を実施する場合，それぞれの階層に適した教育内容を考えなければならない．図表 12-2 は，水尾が倫理教育の内容を階層別に体系化したものである．

　企業においては，それぞれの階層によって活動の内容が異なる．トップ・ミドル・ロワー，一般従業員によって実際に行う活動内容も活動にともない得られる情報も相違がある．すなわち，同一の企業内でも階層によって置かれる状況が異なるのであり，それら異なる状況に応じた倫理教育を実施する必要がある．しかし，状況に応じた倫理教育を施すというのは，異なった倫理観を教育

図表12−2　階層別教育・訓練体系

階　層	教育・訓練の内容		教育・訓練の手法
	予　防　倫　理	積極倫理	
役　　員	全社的経営倫理戦略，コーポレート・ガバナンス，リスク・マネジメント	社会貢献活動，メセナ活動，環境問題への取り組み，地域交流活動など	ケーススタディ　討論・Q&A（参加型訓練）
管　理　職	部下指導・OJT能力，日常の行動基準，問題発生時における判断基準		
中堅社員	経営倫理に関する一般知識，業務に関連する法令知識の修得		
新入社員	経営理念・創業精神・企業行動基準と経営倫理（背景と必要性）など		知識・法令（講義型教育）

出所）水尾順一（2003：73）を一部修正

することではない．教育方法や教育の範囲を変えるのであって，倫理観自体はその企業内で統一されたものでなければならない．統一された倫理観の普及・浸透こそが経営倫理を企業文化として定着させることにほかならない．

4.　倫理観ギャップによるコーポレートカルチャー・ショック

　近年，企業の課題としてコーポレートカルチャー・ショックの問題が存在する．コーポレートカルチャー・ショックとは，新たな企業文化に接することにより，強い精神的ショックを受けることを意味する．コーポレートカルチャー・ショックの要因として，就職，異動，転勤，合併・買収，転職などが考えられる．就職による学生文化から社会人文化への変更，異動による新たな部署の文化への変更，転勤による新たな支社の文化への変更，合併・買収による新たな企業文化との出会い，転職による新たな企業文化への変更などに対応できずにストレスをためこんでしまう従業員が急増している．とくに，企業文化における倫理観ギャップにその傾向が強い．そこで，コーポレートカルチャー・ショックを考察することによって，企業文化の倫理的側面について考えることとする．

　そもそもカルチャー・ショックとは何であろうか．カルチャー・ショックと

いう言葉は，使われ始めてから半世紀もたっていないが，今では広く使用されている．たとえば，旅行者が自身の日常生活とは異なる経験に直面すると，カルチャー・ショックを受けたと表現する．その場合，カルチャー・ショックは良い意味，悪い意味の双方で使われる．しかし，本来のカルチャー・ショックという「概念」は，否定的な意味合いで用いられるものである．広辞苑では，「異文化に接したときに，慣習や考え方などの違いから受ける精神的な衝撃」とされている（新村編，1998：578）．すなわち，カルチャー・ショックとは，異文化・新文化に接したことから受ける衝撃や嫌悪感，驚異などを意味すると考えてよいであろう．

　カルチャー・ショックという言葉を最初に使用した人類学者のオバーグ（Oberg, K.）は，カルチャー・ショックには6つの側面が存在するとして以下のように説明している（Furnham，邦訳，2002：55）．

① 心理的に適応するために必要な努力がもたらす緊張
② 友達や資格，職業，財産に関する喪失感や敗北感
③ 新しい文化のメンバーを拒絶する／メンバーに拒絶される
④ 役割や役割に対する期待，価値観，感情，アイデンティティの混乱
⑤ 文化的相違に気づくことから生じる，驚きや不安，嫌悪，憤り
⑥ 新しい環境に対処できないために感じる無力感

カルチャー・ショックは，多段階に分類して説明されることが多いが，オバーグは以下の4段階に分けている（Furnham，邦訳，2002：65-66）．

① ハネムーン段階：初期の反応で，好意的な状況にあり，魅了されたり，感嘆したりする．現地の人びととの関わりは浅い．
② 危機段階：言語や概念，価値観，慣れ親しんだサインやシンボルの初歩的な違いによって違和感や，挫折感，不安を感じる．
③ 回復段階：新しい国の言語や文化を学習するなどのさまざまな方法によって危機を乗り越える．
④ 適応段階：不安になり緊張することもあるが，新しい文化に溶け込み，

楽しめるようになる．

オバーグの4段階説にしたがえば，危機段階から回復段階へ移行する際に，カルチャー・ショック克服への道筋が開かれることになる．すなわち，通常，カルチャー・ショックは，慣れや学習などにより時間の経過とともに克服できるものである．しかし，カルチャー・ショックを克服できないと精神的な衝撃がいつまでも続くことになる．そこに，カルチャー・ショックの大きな問題が存在する．とくに，企業文化（コーポレートカルチャー）の場合，明確に認識されないという性質上，深刻な問題となりえる．結果として，職場での生活や職務に非常に大きな影響を与えることになる．

コーポレートカルチャー・ショックを引き起こす要因としてはさまざま考えられるが，なかでも，近年，倫理観ギャップによる要因が急増している．従業員は本来，自らの言動・行動の基準となる倫理観をもっている．企業も自らの活動の基準となる経営倫理を備えている．その双方が合致している場合，従業員は企業を信頼して活動することができる．しかし，自らの倫理観と経営倫理との間にギャップが存在すると，コーポレートカルチャー・ショックを受け，精神的に強い衝撃を負うことになる．結果的に，強い精神的ストレスを抱え込んだり，出社拒否症に陥る従業員も増加している．近年，若年層を中心に離職率が高まっているが，倫理観ギャップによるコーポレートカルチャー・ショックも大きな要因のひとつである．これからの経営者や管理者は，部下の精神状態にまで目を配ることが必要であり，コーポレートカルチャー・ショックの克服策を見出すことが求められよう．

5. 経営倫理とコーポレート・ガバナンス

近年の企業経営における重要課題としてコーポレート・ガバナンス（corporate governance）の問題がある．最近，注目を集めている証券取引等の話題の中でコーポレート・ガバナンスという言葉を耳にする機会も増えてきた．本来，このコーポレート・ガバナンスの問題は，経営倫理や企業文化とも深い関わりを

もっている．そこで，本章の最後として，コーポレート・ガバナンスと経営倫理および企業文化との関連について考察してみよう．

そもそも近年多くの話題を提供しているコーポレート・ガバナンスとは何であろうか．コーポレート・ガバナンスに関する定説化した定義は存在していないが，一般的には以下の2つのアプローチが存在する．

① 会社は誰のものかという問題（会社主権）
② 経営者をどのようにして監視・監督するかという問題（会社機構）

会社主権の問題とは，簡単にいえば企業は誰が支配しているのかということであり，会社機構の問題とはチェック体制をいかに構築していくかということである．高橋俊夫は，企業主権，企業統治，トップ・マネジメントの構造と機能，トップ・マネジメントの職務監視メカニズムとその評価，トップ人事権の掌握などがコーポレート・ガバナンスにあたるとして，会社主権・会社機構をコーポレート・ガバナンスの内容として提示している（神戸大学大学院経営学研究室編，1999：307）．

会社主権の問題にしろ，会社機構の問題にしろ，突き詰めて考えればコーポレート・ガバナンスは，ステークホルダー（stake holder：利害関係者）との関わり方の問題といえる．牧野勝都は，コーポレート・ガバナンスを「企業とステークホルダー間の権利と責任の在り方を示す枠組み」と定義した（亀川編，2001：24）．すなわち，チェック体制を築くことによって企業の権限と責任の所在を明確化し，株主・消費者を含む利害関係者の権益を保護することがコーポレート・ガバナンスの本質であるといえよう．

それでは，コーポレート・ガバナンスと経営倫理とはどのような関係にあるのであろうか．コーポレート・ガバナンスが機能していれば，経営倫理が徹底され，企業文化として定着させることも可能である．結果的にステークホルダーにも好影響を与えると考えられる．しかし，コーポレート・ガバナンスが機能せず，経営倫理が企業文化として定着しない結果，企業が不祥事を起こせば，その影響はステークホルダーに直結する．株価は下がり，株主への影響は

大である．不祥事が原因で企業が倒産してしまえば，従業員や取引先，顧客に与える影響は計り知れない．すなわち，コーポレート・ガバナンスと経営倫理・企業文化とは相互依存関係にあるといえる．コーポレート・ガバナンスが機能していれば経営倫理は企業文化として定着し，経営倫理が浸透し企業文化として作用していれば，コーポレート・ガバナンスはより一層機能する．

　企業はこれまで収益性や売上高など利益偏重の基準により評価されてきた．高橋浩夫によれば，企業の善し悪しはみえる資産で計られる経済的尺度によって評価されてきたという（日本経営倫理学会監修，水谷編著，2003：76）．結果的に，企業は利益至上主義へと偏重していった．利益至上主義は好景気が続き，企業が正の連鎖を繰り返しているときは効果的であり，トップを中心とした経営倫理や従業員個人の倫理観でも法令遵守の行動をとることができる．しかし，負の連鎖に陥り，効果的な経営活動ができなくなったとき，利益至上主義は不祥事につながる．利益のために何事もいとわなくなった状態では，トップを中心とした経営倫理や従業員個人の倫理観では歯止めが利きにくい．利益至上主義からコーポレート・ガバナンス優先主義に改め，どのような状況においても法令を遵守し，ステークホルダーの価値を保護する統一された経営倫理を企業文化として定着させていかなければ，不祥事がなくなることはないであろう．

演・習・問・題

問1　企業倫理を組織において徹底するために，いかなる工夫が必要であろうか．
問2　組織の倫理と個人の倫理の関係において，意思決定論における価値前提について調べなさい．
問3　コーポレートカルチャー・ショックについて，自分自身の体験を振り返ったり，身近な人物にインタビューして，倫理の問題が多いことを確かめてみよう．

参 考 文 献

Furnham, A.（1997/2000）*Corporate Culture Shock*, Times Editions Pte Ltd.
（江夏健一・山田奈緒子監訳，IBI 国際ビジネス研究センター訳『コーポレー

トカルチャー・ショック』同文舘, 2002 年)
浜辺陽一郎 (2005)『コンプライアンスの考え方』中公新書
亀川雅人編 (2001)『演習経営学』新世社
小林俊治 (2001)『経営環境論の研究』成文堂
神戸大学大学院経営学研究室編 (1999)『経営学大辞典　第2版』中央経済社
倉井武夫・梶原豊 (2001)『21世紀の経営パラダイム』同友館
水尾順一 (2003)『セルフ・ガバナンスの経営倫理』千倉書房
水谷雅一 (1998)『経営倫理学のすすめ』丸善
水谷雅一 (1995)『経営倫理学の実践と課題』白桃書房
日本経営倫理学会監修, 水谷雅一編著 (2003)『経営倫理』同文舘
新村出編 (1998)『広辞苑　第5版』岩波書店
中村瑞穂編著 (2003)『企業倫理と企業統治』文眞堂
田代義範 (2000)『企業と経営倫理』ミネルヴァ書房

―――《 推薦図書 》―――

1. DeGeorge, R. T. (1989) *Business Ethics, third edition*, Macmillan Publishing.（永安幸正・山田經三監訳, 麗澤大学ビジネス・エシックス研究会訳『ビジネス・エシックス』明石書店, 1995 年)

　　経営倫理概念はすべて網羅されている一冊．とくに，消費者や生活者の立場からも経営倫理を評価している点は独創的である．

2. Stewart, D. (1996) *Business Ethics*, McGraw-Hill.（企業倫理研究グループ訳『企業倫理』白桃書房, 2001 年)

　　哲学者である著者が経営倫理を哲学的側面からアプローチしている．良い経営倫理の事例が豊富である点も見逃せない．

3. 飫冨順久 (2000)『企業行動の評価と倫理』学文社

　　伝統的な企業行動の評価方法を打破し，経営倫理や社会的責任を評価基準として新たな評価方法の構築を試みた秀逸の著作．

4. 梅澤正 (2000)『企業と社会』ミネルヴァ書房

　　企業と社会との関連性という観点から，経営倫理と社会的責任を企業の信頼性回復のポイントにあげた企業社会論のテキスト．

第13章の要約

　フォード自動車会社の創始者であるヘンリー・フォード（Ford, H.）は，事業の使命は大衆への奉仕（サービス）にあるとして利潤を追求する事業目的を否定した．本田技研の創始者である本田宗一郎は，社員に対して，事あるごとに会社のためではなく家族や社会のために働けと訓示したという．"企業が活動する目的は何か"，これは企業経営における永遠の命題である．

　近年，この命題に対し，CSR（Corporate Social Responsibility：社会的責任）を求める声が高まっている．社会における企業の影響力は年々増大している．それにともない，企業に対する社会の要請も高まっており，企業は社会に貢献することを期待されている．

　本章では，このCSRについて企業文化との関連において検討する．まずは，CSRの定義を概観することからはじめる．一言でCSRといってもその内容は多岐にわたり，多義性を含んでいることを理解しよう．次に，CSRの肯定論と否定論について検討した上で，企業文化との関係性について考察し，今後の企業経営においてCSRがいかに重要なものであるか検討することにしよう．

第13章　CSRと企業文化

1. CSRの定義

　経営倫理の問題は，突き詰めて考えれば企業と社会との関係，企業と利害関係者との関係ととらえることができる．前章では，利益至上主義は企業不祥事を招きやすく，経営倫理を企業文化として機能させるためには，利害関係者と良好な関係を構築するコーポレート・ガバナンス優先主義に転換することが重要であることを指摘した．

　それでは企業がコーポレート・ガバナンス優先主義に経営原理を転換し，利害関係者と緊密な関係を構築するためにはどのような行動が必要であろうか．従来の企業のような利潤極大化の追求は，利害関係者に対する貢献という意味では一般的に反比例する．企業が利潤を追求するためには，利害関係者の利益を損なう場合が多々存在するからである．近年多発している企業不祥事の事例をみれば明らかであろう．すなわち，自社の利潤極大化のみを目指した行動は，コーポレート・ガバナンス優先主義の行動原理として有益ではない．企業単独での利潤極大化ではなく，企業と利害関係者双方の利益につながる行動が求められる．

　現在，社会や利害関係者の利益を目的として，社徳をつむ行動が注目されている．水谷雅一は，優れた人を意味する"人徳のある人"を企業に当てはめて社徳を説明している．水谷によれば，人徳のある人とは，社会のためになることを積極的に取り上げて実行するばかりか，敬愛に値する人間的な魅力をもった人である（水谷，1998：9）．水谷は，この人徳を企業の徳に当てはめることによって，"社徳のある企業"を「社会や人間という観点からみて，好ましい行動のとれる企業」と定義した（水谷，1998：10）．

　企業が社徳をつむということは，利害関係者や社会との間で，摩擦や軋轢，迷惑と無縁な存在であるという意味と積極的に徳をつみ，社会の中でなくてはならない存在になるという意味が含まれている．前者は一般的に前章で検討し

た経営倫理とよばれ，後者はCSR（Corporate Social Responsibility：社会的責任）とよばれる．本章では，経営倫理とも深い関連性のあるCSRについて考察し，企業文化との関わりについて検討してみよう．

　企業は，遵法意識をもち，道徳的規範を遵守するだけでは社徳をつむことにはならない．利害関係者や社会に対し，積極的に貢献をすることが求められており，社徳の本質はこの社会貢献にある．企業は，独自の目的に沿って活動しているが，同時に社会を構成する一員でもある．企業は社会の一員として，利害関係者と相互関係を構築し，経営環境との間で相互作用を行っている．当然，大規模化すれば社会における影響力も増大する．企業はその影響力に応じて，活動基盤である社会や自社の活動に関わりをもつ利害関係者に対して種々の責任を負うことになる．この責任が企業の社会的責任であり，CSRとよばれるものである．

　ここで，CSRの定義について考えてみよう．CSRを最初に問題視したシェルドン（Sheldon, O.）によれば，経営者にはコミュニティに対する責任と従業員に対する責任が存在する（Sheldon, 1979：73）．企業内における責任だけではなく，広くコミュニティに対する責任を明確化したことにその価値がある．すなわち，企業はわれわれ一般の市民と同様に「企業市民」であり，個人と同様に企業も社会に対して責任を負っている．

　また，中丸寛信（1999）によれば，CSRとは，「経済的責任（消費者にはよい品物を安く，従業員には安定した生活を，株主には配当を提供することなど），法律を遵守する責任とは区別され，企業行動によって生じる派生的影響への応答責任を意味している」（神戸大学大学院経営学研究室編，1999：439）．すなわち，企業がその行動によって社会に対して多大な影響を与えることを考えれば，CSRとは単なる経済的責任や遵法的責任だけではなく，倫理的責任や社会貢献もその責任の一部であるととらえる必要がある．丹下博文は，CSRを経済主体として企業本来の機能を遂行する伝統的な「経済的責任」と新しい「企業市民としての責任」とに二分し，さらに後者を遵法的責任，倫理的責任，

図表 13 – 1　CSR の構図

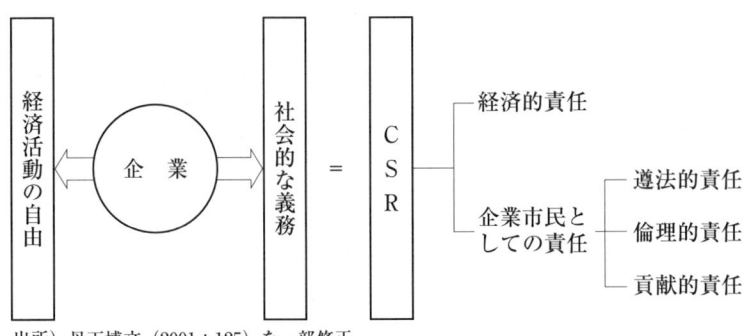

```
経済活動の自由 ←― 企　業 ―→ 社会的な義務 ＝ CSR ─┬─ 経済的責任
                                              │
                                              └─ 企業市民と ─┬─ 遵法的責任
                                                 しての責任  ├─ 倫理的責任
                                                            └─ 貢献的責任
```

出所）丹下博文（2001：125）を一部修正

貢献的責任の3つに分類した（図表13 – 1参照）．

　これらのCSRに関する代表的定義を概観すると以下のことを抽出することができる．
① 企業は「企業市民」として，社会に対しても責任を負わねばならない．
② 経済的責任だけでなく，遵法的責任，倫理的責任，社会貢献も社会に対する責任である．

　これらの考え方を基にして，CSRを考えれば，「経済的責任，遵法的責任を基礎としながら倫理的責任，社会貢献にまで及ぶ企業市民としての責任」といえよう．

2. CSRと企業文化

　CSRが台頭した理由は，企業の利潤追求がもたらす弊害にあったといえる．公害問題など利潤追求の負の側面が顕在化し，社会混乱を引き起こしたことによりCSRの必要性が高まったのである．このことから企業のCSRは経済的責任よりも，むしろ遵法的責任，倫理的責任，社会貢献等に強い期待が寄せられていると理解することができる．

　森本三男によれば，CSRの範囲は次第に拡大しつつある（森本，1994：317）．図表13 – 2は，森本がマズロー（Maslow, A. H.）の欲求階層説にしたがって

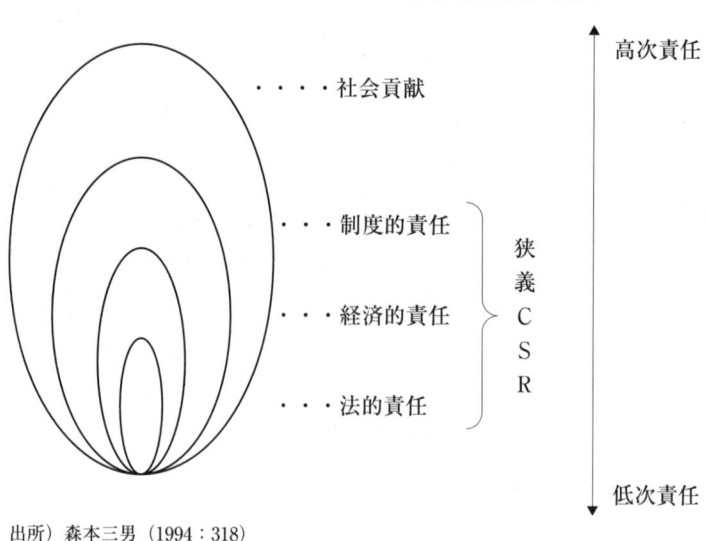

図表13-2　CSRの「組織的欲求階層」構造

```
・・・社会貢献
・・制度的責任  ┐
・・経済的責任  ├ 狭義CSR
・・法的責任    ┘
```

↑高次責任
↓低次責任

出所）森本三男（1994：318）

CSRの階層構造を示したものである．すなわち，CSRは，法的責任を最低限の責任として，経済的責任，制度的責任，社会貢献へと順次拡大する（ただし，前節で検討した丹下博文による分類はCSRの範囲・内容を分類化したものであり，森本三男の分類はCSRの発展段階という側面から分類化したものであることを注意されたい）．

森本の分類にしたがえば，CSRの中で，法的責任を遵守することは，企業存続の最低限の条件であることはいうまでもない．この点は前章で検討した経営倫理に通じるものであり，丹下の分類では遵法的責任，倫理的責任がこれに当たる．また，法的責任を遵守しつつ，営利原則に基づき経済的責任を果たすこと，遵法的責任と相互に関連性を有する制度的責任（たとえば，環境基準に即した製品開発や障害者雇用など）を遵守することも存続条件であるといえよう．

問題は，社会貢献である．法的責任を遵守しつつ，メセナやフィランソロピー，インキュベーション（ベンチャー支援）などの社会貢献を行うことも大

企業に要請されているのは間違いない事実である．

しかし，企業が社会貢献を行うことは必ずしも正当化されているわけではない．従来，CSRに関しては，主として企業目的との関連において，① 社会貢献を肯定する立場，② 社会貢献を否定する立場，の2つの考え方が存在する．前者は，ドラッカー（Drucker, P. F.）やデイビス（Davis, K.）など主に経営学者に代表される考え方であり，社会的責任肯定論とよばれる．後者は，フリードマン（Freedman, M.）やハイエク（Hayek, F. A.）など主に経済学者に代表される考え方であり，社会的責任否定論とよばれる．

肯定論と否定論では，企業の経済的役割（経済的責任）を超えた社会貢献について，認識がまったく異なる．肯定論では経済的役割以外に社会貢献を企業の役割として認め，否定論は経済的役割こそが社会貢献であるとして，経済的役割以外の社会貢献を否定する．すなわち，肯定論は企業の社会への影響力に応じて，利益を社会に還元すべきであるという考え方であり，否定論は，利益を自社の製品やサービスの開発に反映し，一円でも安価で高い機能を備えた製品・サービスを提供することこそ社会貢献であるとする考え方である．

肯定論・否定論ともに納得できる理由を備えている．したがって，両者の考え方に関し，どちらが正解であるとは一概にいえないが，CSRと企業文化との関係を考えた場合，社会貢献に対する肯定・否定の考え方をいかに企業文化として反映させるかということに焦点がある．利益の一部を還元し，社会に積極的に貢献するにしろ，利益は新製品・サービスの開発費に充当し，経済的役割を追及するにしろ，その考え方を企業文化として確立していなければ企業全体で統一した行動はとれない．社会貢献を優先するか，経済的役割を優先するかは企業は何のために活動するのか，従業員一人ひとりは何のために働くのかという命題にも通じる問題である．社会に対する関わり方を企業内で統一し，企業文化として定着させていれば，より効果的に活動することができる．企業文化を通じ，企業全体で社会貢献に邁進すれば，社会に対する貢献度は計り知れないものになるであろう．経済的役割に邁進すれば，優れた製品・サービス

の開発につながり，顧客満足度は高まるであろう．企業の社会的責任において，社会貢献，経済的責任のいずれを優先しても企業文化としての意思統一がその効果を高めることは間違いないものといえる．

3. CSR重視型の企業文化

(1) 後を絶たない企業不祥事の原因

　前章で述べたように，企業不祥事が次から次へと起こり，いっこうに後を絶たない．経営者がフラッシュを浴びながら頭を深々と下げる映像や写真を目にしない日はないくらいである．なぜ，なくならないのであろうか．

　日本経済団体連合会，すなわち経営者たちも，「社会の信頼と共感を得るために」と題して，企業行動憲章を制定し，2度にわたって改定するなど，真剣である（図表13-3）．第5章で検討したように，各々の企業のホームページをながめてみても，経営哲学や経営理念の中ではたすべき責任やできうる貢献が語られているとともに，従業員が守るべき倫理基準や行動規範についてもはっきりと定めているケースが多い．

　企業不祥事がなくならない理由はいくつか考えられるが，ここでは根本となる問題について検討しよう．ドラッカーが「顧客の創造」を企業の目的としたように，ひとくちに企業の目的といってもさまざまな切り口があり，利潤の追求にだけ限定できない．かといって，利潤の追求を目的に入れない企業もなかろう．したがって，企業が企業たる所以は利潤を追求することにあるといえよう．利潤を追求するためには，コストを限界まで削減することで効率を上げながら，付加価値をつけることで競争に打ち勝っていかなければならない．効率性と競争性は避けられないものである．水谷雅一は，効率性と競争性という2大原理に加えて，人間性と社会性をあわせて，4大原理として，均衡をはかることを提唱している（水谷，1998：50-64）．

　効率性にあまりにとらわれると，過労死に至るなど人間性が犠牲になる．もちろん，転勤の禁止など人間性を強調しすぎると，効率性が犠牲になる．つま

図表 13－3　日本経済団体連合会による「企業行動憲章」

企業行動憲章

【序文】
　日本経団連は，すべての企業や個人が高い倫理観のもと自由に創造性を発揮できる経済社会の構築に全力をあげて取り組んできた．その一環として1991年に「企業行動憲章」を制定し，1996年には憲章改定に合わせて「実行の手引き」を作成した．2002年の再改定時には，企業に対して社内体制整備と運用強化を要請するなど，経営トップのイニシアチブによる自主的な取り組みを促してきた．

　そうした中で，近年，市民社会の成熟化に伴い，商品の選別や企業の評価に際して「企業の社会的責任（CSR：Corporate Social Responsibility）」への取り組みに注目する人々が増えている．また，グローバル化の進展に伴い，児童労働・強制労働を含む人権問題や貧困問題などに対して世界的に関心が高まっており，企業に対しても一層の取り組みが期待されている．さらに，情報化社会における個人情報や顧客情報の適正な保護，少子高齢化に伴う多様な働き手の確保など，新たな課題も生まれている．企業は，こうした変化を先取りして，ステークホルダーとの対話を重ねつつ社会的責任を果たすことにより，社会における存在意義を高めていかねばならない．

　これまで日本企業は，従業員の潜在能力を引き出し企業の発展に結びつけるため，きめ細かい従業員教育や社内研修，労使協調に努めてきた．また，地域社会の発展への寄与，社会貢献活動や環境保全への積極的取り組みなど，企業の社会的責任の遂行に努力してきた．

　社会的責任を果たすにあたっては，その情報発信，コミュニケーション手法などを含め，企業の主体性が最大限に発揮される必要があり，自主的かつ多様な取り組みによって進められるべきである．その際，法令遵守が社会的責任の基本であることを再認識する必要がある．そこで，今般，日本経団連は，会員企業の自主的取り組みをさらに推進するため，企業行動憲章を改定した．

　会員企業は，優れた製品・サービスを，倫理的側面に十分配慮して創出することで，引き続き社会の発展に貢献する．そして，企業と社会の発展が密接に関係していることを再認識した上で，経済，環境，社会の側面を総合的に捉えて事業活動を展開し，持続可能な社会の創造に資する．そのため，会員企業は，次に定める企業行動憲章の精神を尊重し，自主的に実践していくことを申し合わせる．

企業行動憲章
―社会の信頼と共感を得るために―

（社）日本経済団体連合会

1991年　9月14日　　「経団連企業行動憲章」制定
1996年12月17日　　同憲章改定
2002年10月15日　　「企業行動憲章」へ改定
2004年　5月18日　　同憲章改定

　企業は，公正な競争を通じて利潤を追求するという経済的主体であると同時に，広く社会にとって有用な存在でなければならない．そのため企業は，次の10原

> 則に基づき，国の内外を問わず，人権を尊重し，関係法令，国際ルールおよびその精神を遵守するとともに，社会的良識をもって，持続可能な社会の創造に向けて自主的に行動する．
> 1. 社会的に有用な製品・サービスを安全性や個人情報・顧客情報の保護に十分配慮して開発，提供し，消費者・顧客の満足と信頼を獲得する．
> 2. 公正，透明，自由な競争ならびに適正な取引を行う．また，政治，行政との健全かつ正常な関係を保つ．
> 3. 株主はもとより，広く社会とのコミュニケーションを行い，企業情報を積極的かつ公正に開示する．
> 4. 従業員の多様性，人格，個性を尊重するとともに，安全で働きやすい環境を確保し，ゆとりと豊かさを実現する．
> 5. 環境問題への取り組みは人類共通の課題であり，企業の存在と活動に必須の要件であることを認識し，自主的，積極的に行動する．
> 6. 「良き企業市民」として，積極的に社会貢献活動を行う．
> 7. 市民社会の秩序や安全に脅威を与える反社会的勢力および団体とは断固として対決する．
> 8. 国際的な事業活動においては，国際ルールや現地の法律の遵守はもとより，現地の文化や慣習を尊重し，その発展に貢献する経営を行う．
> 9. 経営トップは，本憲章の精神の実現が自らの役割であることを認識し，率先垂範の上，社内に徹底するとともに，グループ企業や取引先に周知させる．また，社内外の声を常時把握し，実効ある社内体制の整備を行うとともに，企業倫理の徹底を図る．
> 10. 本憲章に反するような事態が発生したときには，経営トップ自らが問題解決にあたる姿勢を内外に明らかにし，原因究明，再発防止に努める．また，社会への迅速かつ的確な情報の公開と説明責任を遂行し，権限と責任を明確にした上，自らを含めて厳正な処分を行う．

出所）日本経済団体連合会ホームページ
http://www.keidanren.or.jp/japanese/policy/cgcb/charter.html

り，効率性原理の対極にあるのが，人間性原理である．同様に，競争性にあまりにとらわれると，独占禁止法に抵触するなど社会性が犠牲になる．また，情報公開など社会性を強調しすぎると，競争性が犠牲になる．ここでも，競争性原理と社会性原理は対極の関係にあるといえる．効率性原理の対極にあるのが，人間性原理であり，競争性原理の対極にあるのが社会性原理であるという．4大原理のうち，効率性原理と競争性原理，人間性原理と社会性原理は，相補関係にあり，効率性原理と人間性原理，競争性原理と社会性原理は，相反関係にある．

　利潤の追求というプレッシャーに追い込まれるほど，すなわち，効率性原理

や競争性原理によって大きく支配されてしまうと，対極にある人間性原理や社会性原理はなおざりにされることになるのである．これは経営者とて例外ではないであろう．責任ある立場にある者ほど，プレッシャーは重くのしかかってくるからである．

　第1章で述べたように，企業文化には意識されるレベルと意識されないレベルがある（Schein，邦訳，1989）．従業員たちに意識される企業文化は，問題解決など日々の活動の中で，参照され，議論され，検証される．検証に耐えられないものの中には，たてまえとして，やり過ごされるものも出てくるだろう．幾度となく検証に耐えられたものは，当然のこととして疑われず，議論されることもなくなり，ついには意識されなくなる．意識されないレベルの企業文化は，とても強力である．

　既述したように，経営哲学や経営理念，倫理基準や行動規範の中で，人間性原理や社会性原理がうたわれている．したがって，効率性原理や競争性原理だけではなく，人間性原理や社会性原理も，意識されるレベルの企業文化と十分なりうるのである．しかし，意識されるレベルから意識されないレベルへと沈殿していくのはどちらであろうか．外部の環境の状況や内部の資源の条件によって違いはあるかもしれないが，やはり，効率性原理や競争性原理が意識されないレベルとなって，組織で働く人びとの思考パターンや行動スタイルに大きな影響をおよぼすのではないであろうか．コーポレートカルチャー・ショックのように，組織を異動してきたときには，違和感を覚えるものであったとしても，次第にこれを克服する，すなわち，良い意味でも悪い意味でも，組織の文化に染まっていくのである．

　さらに，効率性原理や競争性原理によって組織で働く人びとのほとんどが支配されるようになると，支配されない人びとにとっても圧力がかかるようになることも見逃せないであろう．人間性原理や社会性原理に基づいて正しい判断ができていたとしても，多数意見に負けて間違った判断をしてしまうことがある（金井，1999：87-88）．反対意見を述べれば，逸脱者になってしまうからで

ある．このことは，ウチとソトを分離する傾向にある日本的経営においてなおさらである．土屋守章によれば，「企業のなかにいる人びとが，外の人とは異なった生活感覚や価値意識をもつことになり，その集団全体として，ときには反社会的存在になりかねない」という危険がある（土屋，1980：192）．また，信念に基づき，勇気を奮って，反対意見を述べることはできても，それを上司に伝える，あるいは世間に公表することはためらわれるであろう．なぜならば，それによって，同僚が，上司が，そして企業が，窮地に追い込まれるからである．また，告発に対する報復も怖いであろう．一筋縄ではいかない問題であることが理解できよう．

以上のことから，社会的責任や企業倫理が組織の隅々までうまく浸透していかない，あるいは浸透したとしても，遵守することがむずかしい，と考えられるのである．

(2) マクロレベルの対応

以上のように，社会的責任は，企業全体のいわばマクロレベルにおいても，また，職場や個人などミクロレベルでも，研究されなければならない課題であることが理解されよう．マクロレベルでみれば，コーポレート・ガバナンスのように，責任と権限をはっきりとさせるとともに，ステークホルダーの視点から適切な経営がなされているかどうか監督するしくみを構築することは，トップ・マネジメントの暴走や逸脱を抑止するために非常に大切なことであろう．

さらに，第8章で検討したように，コーポレート・ブランドを確立することからすれば，トップ・マネジメントがステークホルダーあるいはコミュニティの視点から企業価値をとらえ，これを高めていこうとする中で，社会的責任に正面から取り組まざるを得なくなる．これに付随して，社会の責任投資という考え方も投資家にひろまっていることも見逃せない．投資家は，一般的に投資収益率をはじめとするさまざまな財務指標に基づいて投資決定するが，判断材料に当該企業が社会的責任をどれだけ果たしているかを加えようというのが，

社会的責任投資（socially responsible investment）である．社会的責任投資によって，投資家本人も社会的責任を果たすことができる．法令を遵守しているか，倫理を尊重しているか，芸術・文化を支援しているか，社会に貢献しているかなどを考慮して，企業を評価し，投資決定することになる．具体的には，環境保全に取り組んでいるか，人権擁護や雇用促進をしっかりとしているか，地域のコミュニティの発展に寄与しているか，といった項目でスクリーニングしていく．

　トップ・マネジメントが示す経営理念や経営哲学においても，ミッションが述べられなければならないであろう．ミッションは，松下幸之助による「水道哲学」やジョンソン・エンド・ジョンソンの「われらの信条」のように，社会使命や存在意義を内容とする（第6章および第7章を参照のこと）．社会使命や存在意義は，一方で，経営構想や事業領域に意味を付与するものであり，他方で，社会的責任や社会的貢献のあり方を決めるものである．また，倫理綱領や行動規範も制定されなければならないであろう．田中宏司によれば，倫理綱領や行動規範の5本柱として，①社会に対する基本姿勢の表明，②法令遵守に対する基本姿勢の徹底，③組織外のステークホルダーに対する基本姿勢の明確化，④役員・社員の行動と責務に関する基本姿勢，⑤実効性確保のための組織体制・罰則規定などに関する基本姿勢の明示，をあげている（田中，2003：107-121）．こうした倫理綱領や行動規範を制定するだけではなく，講習や研修によってこれらを周知徹底させるとともに，これらが遵守されているかモニタリングをするために，企業倫理担当部署を設置することが求められる．

(3) ミクロレベルの対応

　ミクロレベル，すなわち職場や個人においてCSRにいかに関わっていけばよいのか，検討していこう．(1)で述べたように効率性原理・競争性原理が企業文化の意識されないレベルに沈殿しているとするならば，人間性原理・社会性原理のように意識されるレベルまで浮上させなければならない．事件や問題

が起きてはじめて効率性原理・競争性原理が議論の俎上にのるのでは遅い．効率性原理や競争性原理を問い続けなければならない．

しかし，ひとたび意識されないレベルまで沈殿したものを意識されるレベルまで浮上させるのはむずかしい．ひとつの方法は，小集団活動であろう．品質管理サークルのように，身近な問題から，効率性原理・競争性原理について議論するのである．議論の内容は，効率をもっと上げるためには，でも，競争になんとか勝つためには，でもよい．効率性原理・競争性原理について議論の俎上にのせて，意識レベルに浮上させ，意識レベルにあるであろう人間性原理・社会性原理と衝突させるのである．水谷雅一は，効率性原理・競争性原理を旧原理，人間性原理・社会性原理を新原理として，次のように述べている（水谷，1998：61）．

「これからの企業の経営幹部はもとより従業員一人一人に至るまで，この難しいが実現しなければならない新・旧両原理の均衡的両立を維持すべきだとする新しい価値観を，常に身につけ，また，身をもってそれを日常業務活動の中で実現しようとする意識的努力が期待されている」

もうひとつの方法は，第11章で触れた異文化シナジーである．異文化経営においては，文化的多様性を無理に抑え込もうとせず，むしろ積極的に経営に活用して，文化が異なる人びとの接触によって生じる相乗効果を狙うことも考えられており，文化的多様性から生まれる相乗効果のことを異文化シナジーという．

異文化シナジーは，なにもグローバル企業における異文化経営だけのものではない．文化が異なる企業，文化が異なる部門，そして文化が異なる職場からやってきた人物に，異文化シナジーを期待することが可能である．既述したコーポレートカルチャー・ショックを受けるような人物こそが，企業文化の意識されないレベルを浮上させるきっかけを作ってくれるのである．

もちろん，フィランソロピーのひとつとして，従業員がボランティア活動に従事することも，人間性原理・社会性原理について思いを馳せるチャンスを提

供するものであろう．従業員がのびのびとボランティア活動に取り組めるよう休暇制度や表彰制度を整備することも，CSR を草の根レベルで根づかせることにつながる．

演・習・問・題

問1　社会的責任に関する肯定論と否定論のおのおのの主張をまとめてみよう．
問2　社会的責任にまつわる法律としてアメリカのサーベンス・オクスレー法（Sarbanes-Oxley Act：アメリカの企業改革法）について調べてみよう．
問3　人間性原理と社会性原理について，具体的などんなものがあるか考えてみよう．

参考文献

Schein, E. H. (1985) *Organizational Culture and Leadership*, Jossey-Bass.（清水紀彦・浜田幸雄訳『組織文化とリーダーシップ』ダイヤモンド社，1989年）
Sheldon, O. (1979) *The Philosophy of Management*, Arno Press.
金井壽宏（1999）『経営組織』日本経済新聞社
神戸大学大学院経営学研究室編（1999）『経営学大辞典　第2版』中央経済社
水谷雅一（1998）『経営倫理学のすすめ』丸善
森本三男（1994）『企業社会責任の経営学的研究』白桃書房
丹下博文（2001）『企業経営の社会性研究』中央経済社
田中宏司（2003）「経営倫理と倫理綱領の遵守」日本経営倫理学会監修・水谷雅一編著『経営倫理』同文舘
土屋守章（1980）『企業の社会的責任』税務経理協会

《推薦図書》

1. Mitchell, N. J.（井関利明監修・松野弘・小阪隆秀監訳・合力知工・小林勝・藤江俊彦・堀越秀憲訳『社会にやさしい企業―経営思想の革新と企業的社会政策の展開』同友館，2003年）
    CSR に関する経営思想の歴史的流れが把握できる．
2. 谷本寛治（2004）『CSR 経営―企業の社会的責任とステイクホルダー』中央経済社

CSR についてステークホルダーとの関係で考察した良書である．
3. 斎藤槙（2000）『企業評価の新しいモノサシ―社会責任からみた格付基準』生産性出版

　　CSR を測る指標などコンサルタントの切り口で社会的責任を考えることができる．
4. 水谷内徹也（1992）『日本企業の経営理念―「社会貢献」志向の経営ビジョン』同文舘

　　CSR 経営における経営理念のあり方について詳しく検討している．

索　引

あ行

アイデンティティ　26, 116, 126
　──の危機　104
アカウンタビリティ　10, 118
アドバンテージ　119
アドホクラシー文化　43
飯田新七　79
意識改革　110
意思決定前提　73
石田梅岩　80
1次的リーダーシップ　36
イノベーション志向の文化　52
EPRGモデル　161
井深大　88
異文化経営　5, 196
異文化コミュニケーション　135
異文化シナジー　160, 196
異文化ストレス管理　137
異文化相互理解　136
異文化適応スキル　137
イメージ　64, 75
イメージ・アップ戦略　109
e-ラーニング　165
岩崎小弥太　81
岩崎弥太郎　81
インキュベーション　188
インキュベーター　146
隠匿の思想　24
上野征洋　20, 27
ウォーターマン, R. H.　12, 52, 97
内集団ひいき　116
梅澤正　21
エクスパトリエイト　161
エクセレント・カンパニー　97
エシックス　173
越後屋呉服店　78
エッフェル塔型文化　145
エリクソン, E. H.　116
OJT　165, 176

か行

海外子会社　154
　──の企業文化　158, 162
海外派遣管理者　161
会社機構　181
会社主権　181
会社を賭ける文化　11, 42
下位文化　71, 131
カウンター・カルチャー　71
家族型企業文化　143
価値　4

価値観　33, 126
価値基準　35
価値前提　34, 73
カネボウ　86
カリスマ的指導者　100
カルチャー・ショック　3, 136, 179
カルトのような文化　101
環境に適応しない文化　49
観念文化　3
管理者派遣アプローチ　164
官僚主義的　13
官僚制　145
危機管理　64, 95, 137
企業家精神　99
企業行動憲章　190
企業市民　23, 186
企業戦略　36
企業統治　90, 118, 181
企業不祥事　173, 190
企業文化　3, 4, 17, 143, 175
　──と戦略の適合性　48
　──の逆機能　48, 118
　──の創造プロセス　33
企業文化4類型　143
企業メセナ協議会　21
企業理念　64, 110
企業倫理　64
企業倫理担当部署　195
規範　4
規範型　66
寄付行為　22
基本的な暗黙の仮定　35
基本理念　57, 100
キャノン　67, 148
キューピー　64, 66
教育アプローチ　165
共生　149
競争性原理　192
共存共栄　90
共通性　41
共通の行動パターン　35
共同プロジェクトアプローチ　165
共有価値　33, 52
共有の行動パターン　52
共有パラダイム　33
具現化　70
グローバル企業文化　158, 168
グローバル経営理念　166
グローバル・スタンダード　158
経営家族主義　87
経営システム　38
経営戦略　69, 110

索引

経営哲学　110
経営ナショナリズム　83
経営文化　5
経営方針　69, 110
経営目的　68
経営目標　68
経営理念　36, 64, 173
経営倫理　74, 173
経営倫理教育　176
経済的責任　186, 188
啓発された自己利益　24
ケネディ, A. A.　10, 41
言語　132
現地主義志向　162
権力格差測定指標　127
コア・コンピタンス　151
コア文化
好感度　64, 75
貢献の責任　186
構造化　7
行動基準　35
行動規範　35, 195
行動規模　64
行動文化　3
傲慢な文化　50
効率性原理　192
顧客第一主義　99
国民文化　5, 126, 136, 143, 162
国民文化次元　126
個人主義測定指標　129
個人的アイデンティティ　116
個人倫理　173
コッター, J. P.　12, 41, 46, 113
五島昇　20
コード　67
小林一三　19, 85
個別性　41
コーポレート・アイデンティティ　108
コーポレート・ガバナンス　10, 90, 118, 181, 185, 194
コーポレート・ガバナンス優先主義　182
コーポレートカルチャー・ショック　178, 193
コーポレート・コミュニケーション　115
コーポレート・ブランド　114, 194
コミュニケーション　40
コミュニケーション体系　131
コミュニティ　186
コラボレーション　119
コリンズ, J. C.　52, 100
コンテキスト　131
コンプライアンス　10, 23, 64, 90, 118, 174

さ行

サブ・カルチャー　131
三方よし　80
三自の精神　67, 150

CSR　186
シェルドン, O.　186
自戒型　66
事業領域　69
事実前提　34, 73
資生堂　24
視聴覚文化　3
実力主義　151
指導原理　104
指導理念　8, 71
渋沢栄一　23, 82
清水建設　66
下村彦右衛門　79
シャイン, E. H.　6, 56, 33, 112
社運を賭けた大胆な目標　102
社会貢献　188
社会性原理　192
社会的アイデンティティ　116
社会的使命　40, 70, 104
社会的責任肯定論　189
社会的責任投資　194, 195
社会的責任否定論　189
社訓　64
社是　64
社徳のある企業　185
社名の変更　111
重合　162
終身雇用制度　150
集団圧力　9
集団主義　154
集団浅慮　9
出社拒否症　180
遵法意識　174, 186
遵法の責任　186
上位文化　70
常識　137
小集団活動　196
象徴化　7
象徴管理者　12
情報開示　118
情報共有アプローチ　165
情報公開　10
職業倫理　173
所産　3
────としての文化　17
ジョンソン・エンド・ジョンソン　95
新家族主義　150
人工物　6, 112
人事制度アプローチ　164
シンボリック・マネージャー　12
シンボルアプローチ　165
水道哲学　65, 84
ステークホルダー　10, 26, 50, 52, 64, 113, 181
住友財閥　78
住友政友　78
制御文化　3

200

成功体験　36
セイコーエプソン　67
精神文化　18
正当化　47
制度化　7, 70
制度的責任　188
世界グループ理念　166
責任追及　89
石門心学　80
説明責任　10, 118
先義後利　79
戦略と環境の適合性　48
戦略の創発　103
創業者　33
　──の思想，哲学，信条　65
創業者集団　33
宗竺遺書　79
組織風土　5
組織文化　5
組織倫理　173
ソニー　68, 87
存在意義　26, 40
存在理由　104

た行

大規模な組織変革　54
対抗文化　71
体質改善　110
大丸　79
高島屋　79
逞しい男っぽい文化　10, 42
達成志向の文化　42
タテマエ　71, 119
多文化チーム　168
多様性マネジメント　168
男性化測定指標　130
チェンジ・マネジメント　54
調整メカニズム　159
ツムラ　66
強い文化　39, 46
ディール，T. E.　10, 41
ディスクロージャー　10, 118
適応的な文化　50
手続きの文化　11, 42
デービス，S. M.　3
東急電鉄　20
同質化　47
道徳的規範　174, 186
道徳と経済の合一　82
ドメイン　26, 69, 117
豊田喜一郎　83
豊田佐吉　83
トヨタ自動車　83
トロンペナールス，F.　42, 142

な行

内面化　7, 70
仲間文化　42
2次的リーダーシップ　36
日常理念　8, 71
日本経済団体連合会　190
日本電気　70
人間性原理　192
認識枠組み　72
能力主義　154
ノーブレス・オブリージュ　23

は行

背後に潜む基本的仮定　7, 35, 113
ハイ・コンテクスト　132
ハイ・コンテクスト文化　144
ハイブリッド　162
生え抜きの経営者　102
ハムデン－ターナー，C.　42, 142
パラダイム　33
パラダイム転換　7
パールシュミッター，H. V.　161
阪急電鉄　19, 85
判断基準　40
ピーターズ，T. J.　12, 52, 97
ヒエラルキー文化　42
ビジュアル・アイデンティティ　111
ビジョナリー・カンパニー　100
ビジョナリー・リーダー　56
ビジョン　36, 67, 69
ヒト志向の文化　42
ビヘイビア・アイデンティティ　111
標榜されている価値　7, 112
ファーストリテイリング　65
フィランソロピー　3, 22, 188
フォーディズム　94
フォード，H.　94
フォード・システム　94
不確実性回避測定指標　127
副次文化　131
富士フィルム　66
物質文明　18
プレミアム　119
プロジェクト志向の文化　42
プロセス型　102
文化　18, 126, 132
文化活動　3, 17, 20
文化共有のメカニズム　38
文化事業　17
文化戦略　17
文化的多様性　160, 195
文化特性　49
分析型　102
分析麻痺症候群　19, 97
文物　6, 112

文明　18
ヘスケット，J. L.　12, 41, 46, 113
ベネッセコーポレーション　72
変革型リーダー　54
変革志向の文化　52
保育器型企業文化　146
法　174
奉仕動機　94
方針型　66
法的責任　188
法令遵守　10, 64, 74, 90, 118, 174
ホスト国　160
ホフステッド，G.　126
ホーム国　160
ポラス，J. L.　52, 100
ボランティア活動支援　22
ポリミリック　163
ホール，E. T.　126
本社志向　162
本田技研工業　88
本田宗一郎　88
本音　71, 119

ま行

マインド・アイデンティティ　111
マーケティング近視眼　70
マーケット文化　42
マッチング・ギフト　23
松下幸之助　84
松下電器産業　65, 84
磨かれた知性と美しい心　21
ミッション　67, 195
水谷雅一　173, 185, 190
三菱財閥　81
三井高利　78

武藤山治　86
メセナ　3, 21, 188
メンタルモデル　35
モチベーション　40, 73
盛田昭夫　88
森本三男　187
文殊院旨意書　78

や行

役割志向の文化　42
安田財閥　81
安田善次郎　81
ヤマト運輸　64
融合　162
誘導ミサイル型企業文化　146
様式　3
　――としての文化　17
よく働き，よく遊ぶ文化　11, 42

ら行

利益至上主義　182, 185
利潤追求　89
利潤動機　94
倫理観　174
倫理観ギャップ　178
倫理教育　176
倫理綱領　195
倫理的責任　186
ロー・コンテクスト　132
ロー・コンテクスト文化　144
論語と算盤　82

わ行

ワン・トゥ・ワン・マーケティング　118
1％（ワンパーセント）クラブ　22

編著者紹介

松村　洋平（まつむら　ようへい）
　青森中央学院大学経営法学部助教授
　（青森中央学院大学大学院地域マネジメント研究科助教授）
　明治大学大学院博士後期課程単位取得（満期退学）
　経営組織論（企業文化論）専攻
　「環境適応に向けた企業文化に関する―試論」『東京経営短期大学紀要』第7巻，1999年
　『入門経営戦略』（共著）新世社，1999年
　『現代企業の自己革新』（共著）学文社，1999年
　『現代社会の経営学』（共著）学文社，1999年
　『新経営基本管理』（共著）泉文堂，2000年
　『演習経営学』（共著）新世社，2001年
　『マネジメント・ベーシックス』（共著）同文舘，2004年

マネジメント基本全集10　企業文化（コーポレートカルチャー）
　　　　　　　　　　　　　　　経営理念とCSR

2006年9月20日　第一版第一刷発行

　　　　　　編著者　松　村　洋　平
　　　　　　監修者　根　本　　　孝
　　　　　　　　　　茂　垣　広　志
　　　　　　発行者　田　中　千　津　子

　　　　発行所　株式会社　学　文　社

　　　〒153-0064　東京都目黒区下目黒3-6-1
　　　　　　電話(3715)1501代・振替00130-9-98842

　（落丁・乱丁の場合は本社でお取替します）　・検印省略
　（定価はカバーに表示してあります）　印刷/新灯印刷株式会社
　　©2006 MATSUMURA Yohei Printed in Japan　　ISBN4-7620-1495-8